园林是画，园林是诗，园林是——有那么一个早晨或下午，可以在阳光、微风、茂树、繁花的陪伴下，让我们以梦为马。

生长的画卷

从《清明上河图》看园林

刘华领 著

河北出版传媒集团

河北教育出版社

图书在版编目（CIP）数据

生长的画卷：从《清明上河图》看园林 / 刘华领著
. -- 石家庄：河北教育出版社，2022.12
ISBN 978-7-5545-7252-8

Ⅰ.①生… Ⅱ.①刘… Ⅲ.①古典园林－介绍－中国
－北宋 Ⅳ.①K928.73

中国版本图书馆CIP数据核字(2022)第185171号

生长的画卷

从《清明上河图》看园林

作　　者	刘华领
策　　划	董素山
责任编辑	王艳荣　张　怡
装帧设计	于　越
责任印制	王勇生
出版发行	河北出版传媒集团

河北教育出版社　http://www.hbep.com
（石家庄市联盟路705号，050061）

印　　制	河北新华第一印刷有限责任公司
开　　本	787mm×1092mm　1/16
印　　张	16.25
字　　数	257千字
版　　次	2022年12月第1版
印　　次	2022年12月第1次印刷
书　　号	ISBN 978-7-5545-7252-8
定　　价	128.00元

前言

从人们在房前屋后种下第一粒种子，栽下第一棵果树，圈养起第一只动物起，园林便开始走进了人们的生活。

中国古典园林从"囿""园""圃""台"这些源头一路走来，历经漫长的萌芽、生成、发展、兴盛与成熟，持续五千年不断的自我完善、演进，终至谱写成一支璀璨的中华文明，作为风景式园林的渊源，在世界上独树一帜。

但这延续五千年文明而形成的园林体系，并不是自始至终都秉承着一成不变的模式发展的。任何一种文化形态，都是时代的产物，其形成、发展，都离不开时代背景的制约。园林作为文化形态的一种，亦是如此。历来的政治、经济、文化、科学技术的发展与消长，都是园林发展的推动力和制约因素，决定着园林发展的方向、特色和成就的高度，一个一个王朝的兴盛衰亡，也决定着园林一次一次的兴盛衰亡。故宋人李格非说："园圃之废兴，洛阳盛衰之候也。且天下之治乱，候于洛阳之盛衰而知。洛阳之盛衰，候于园圃之废兴而得。"从园林的兴盛与荒废可以判知城市甚至国家的盛衰治乱，反过来，从城市的兴衰也可以推演园林的兴衰。

　　所以我们研究任一朝代的园林文化，都离不开这个朝代的历史背景，需从研究这个朝代的政治、经济、意识形态等出发。那么，研究北宋园林，为什么要从一幅画说起呢？

　　王维在《山水诀》中说："咫尺之图，写千里之景。东西南北，宛尔目前；春夏秋冬，生于笔下。"正如一粒小小的芥子能够容纳一座巨大的须弥山一样，一幅画，画幅虽小，只有咫尺，却能容纳广阔天地，收藏无限信息，遑论《清明上河图》这一宏幅巨制呢！

　　之所以可以从它说起，去推演北宋园林的发展，正是因为从这幅画中，我们可以读到这些背景消息。

　　我们都知道，一幅《清明上河图》，北宋东京的繁华尽显。张择端不惮烦琐，极尽描摹刻画之能事，耗时十年，用郊外、汴河、都城三个篇章，将开封之繁华工工整整地描绘在这五米长卷之上。那么，繁华的意向从何而来？

　　来自图中一派自然生机的原野，长长的河流、街道，来自一千多个形形色色的人物，一百多幢房屋，热闹的市肆，以及那二十多艘船舶，忙碌的漕运……尽管一眼看过去，我们可能只看到了北宋开封某时某地某些生活场景的写照，只看到了繁杂热闹，乱而有序。但品味的久了，细了，及至将每个人物的服饰、身份、性格都揣摩了几遍，将每幢房屋、每座桥的材料、样式、结构技术都细细研究过了，将每家店铺作何生意、生意做得如何都猜想过了，甚至将每棵树的种类、年轮、美丑，以及在这棵树底下有可能发生过哪些浪漫故事都一一做了畅想之后，这幅图就不再仅仅只是一张二维的图画，它会将我们带回到千年之前的那个立体的开封城，这里，有北宋的风云人物以及普通百姓，和他们一起创造的北宋的政治、经济，北宋的文化，北宋的城市建设、建筑和宫苑园林。

　　到底是什么样的政治背景催生了堪称中国的文艺复兴时期的北宋文化的大繁荣、大发展？作为中国传统文化主题的儒、道、释三教在宋时的相互交流、相互渗透、相互摄取，甚至是三教合一发展的结果，形成了怎样的意识形态？催生了什么样的世界观、人生观、价值观、审美观？园林作为文化范畴里的一个重要内容，又是如何在北宋特色鲜明的政治形态、意识形态的影响与引领下发展的？适应于北宋社会发展而发展的园林的最大特色是什么？最主要成就有哪些？有哪些造园理论、造园技法值得我们后代去学习？

研究历史不是仅仅为了弄清楚彼时的样子。"以史为鉴，可以知兴替"，研究古代园林，尤其是研究其发展盛衰与社会背景之间的关系，是为了此时、当下，当人类面临着科技的高速发展与巨大的环境危机之间的重重矛盾的时候，为我们的园林建设寻找正确的出路。

带着这些疑问，循着《清明上河图》，我们一起去寻找答案吧。

生长的
画卷

目 录

第一章 壶天之隐

一个文人造园的时代

▶ 张择端，字正道，北宋宣和宫廷画家。对于张择端的身世，史书上没有任何史料记载，有关《清明上河图》及作者的资料只有现存于故宫博物院的《清明上河图》上七十一个字的信息——金代人张著的跋文，全文如下："翰林张择端，字正道，东武人也。幼读书，游学于京师，后习绘事。本工其界画，尤嗜于舟车、市桥郭径，别成家数也。按向氏《评论图画记》云：《西湖争标图》《清明上河图》选入神品，藏者宜宝之。"其作品大都失传，仅《清明上河图》与《金明池争标图》存世。

展开这幅伟大的画作，一股古雅之气扑面而来。

粉墙黛瓦、朱户轩窗的楼阁台榭掩映在烟霞笼翠的树木之中，大小船只欸乃往来于飘逸空灵的流水之上，第一眼印象，古拙而清新，简朴却雅致，俨然一幅江南古典园林的画图。

但在这五米长卷之上，又不经意间飘荡着的浩荡如虹之气，似乎在暗示着我们，这绝不是江南秀美的小园。于是，我们俯下身来，细细品读。终于，当我们在树下、在桥上、在大街上、在船上、在酒楼茶肆之中，继而又发现了成百上千的形形色色、各行各业的如豆小人之后，耳边突然仿佛充盈了闹市集肆的叫卖声、呼喝声、吵闹声之时，才恍然大悟：原来在这个看似静谧安逸的园林大空间里，竟然隐藏着一个市井喧嚣、生机盎然的大都市。在这个画面上生长着的，不仅仅只是满城的烟柳，还有热闹的生活。

清明上河图（部分）　（宋）张择端

这就是《清明上河图》，北宋画家张择端所描绘的徽宗朝政和、宣和年间帝都汴梁城内外的繁华景象和自然风光。

作为当时著名的文化、经济、艺术及政治中心，东京的繁华昌盛是人尽皆知、毋庸置疑的事实；生活富裕、安逸的社会难免滋生享乐思想，而园林作为人们追求物质和精神生活享受的结果，也是不争的事实。以东京为例，仅见诸文献记载的私家、皇家园林的名字就不下一百五十余个，更不要说还有众多的寺观园林、衙署园林、公共园林、茶楼酒肆附设的园林以及小酒店花木扶疏的小庭院。孟元老在《东京梦华录·卷六·收灯都人出城探春》一节，寥寥四五百字即记叙了东京四郊有名字的园林、寺观、宅院四五十处，"大抵都城左近，皆是园圃，百里之内，并无闲地"，东京郊外园林之盛、风光之旖旎由此可见一斑。真可谓"次第春容满野，暖绿暄晴。万花争出粉墙，细柳斜笼绮陌，香轮暖辗，芳草如茵，骏骑骄嘶，杏花如绣。莺啼芳树，燕舞晴空。"北宋诗人石曼卿在畅游繁台春色之后有诗云："台高地回出天半，了见皇都十里春。"可见，有着园林般醉人春色的不仅仅是都城的郊外，整个东京就是一座建在园林之中的城市。

李格非《洛阳名园记》云："'园圃之废兴，洛阳盛衰之候也。'且天下之治乱，候于洛阳之盛衰而知；洛阳之盛衰，候于园圃之废兴而得。"从园林的兴盛与荒废可以判知城市甚至国家的盛衰治乱，反过来，从城市的兴衰大概也可以推演园林的兴衰。从《清明上河图》中，我们读到了汴梁的繁荣兴盛，那么，从汴梁的繁荣兴盛深处，我们又能够读到有几许亭台楼阁掩映其中？歌舞优游卒岁月的园林生活，又折射着怎样的社

▶ 中国古典园林类型按隶属关系划分为：皇家园林、私家园林、寺观园林，除此之外，还有公共园林，以及一些非主流的园林，如衙署园林、祠堂园林、书院园林、会馆园林、茶楼酒肆的附属园林等。

▶ 孟元老，号幽兰居士，宋代文学家。北宋末叶在东京居住二十余年，曾任开封府仪曹。金灭北宋，孟元老南渡，常忆东京之繁华，于南宋绍兴十七年（1147）撰成笔记体散文记《东京梦华录》，并自作序。所记大多是宋徽宗崇宁到宣和年间东京开封的情况，包括：京城的外城、内城及河道桥梁、皇宫内外官署衙门的分布及位置，城内的街巷坊市、店铺酒楼，朝廷朝会、郊祭大典，东京的民风习俗、时令节日，当时的饮食起居、歌舞百戏，等等，是研究北宋都市社会生活、经济文化的一部极其重要的历史文献古籍。

▶ 李格非，北宋文学家，字文叔，宋神宗熙宁九年（1076）进士，李清照之父。《洛阳名园记》是有关北宋私家园林的一篇重要文献，记述了李格非所亲历的比较名重于当时的园林十九处，对所记诸园的总体布局以及山池、花木、建筑所构成的园林景观描写具体而翔实，可视为北宋中原私家园林的代表。

会现实？

就让我们的寻觅从郊野开始吧。

一、采菊东篱

盘根错节的老树，黝黑的干，稀疏的枝，皴蚀的老皮，还有一根折断的枝丫，利剑一般直指苍穹。遒劲、苍老、孤寂的三五棵，不知道已经在那里站了多少岁月，默默地守护与见证着来来往往的历史。但不管热闹与静寂，过往的历史总会如云烟一般消隐在树后广漠的沧海沧田，今天的清晨，唯有一支驼载薪火的驴队，从烟岚深处走来，"的嗒的嗒"驴蹄声，愈发衬托着郊野的宁静，宁静到就连小溪里的水，都不起一丝微澜。那木桩和茅草搭就的简易小桥，可堪重负？跨过它，又将去向哪里？

画面从烟林萧疏、清旷平远的郊野田园开始，一开始却把人不自觉地带进了马致远《天净沙》的词境里——

清明上河图（部分）郊野景色 （宋）张择端

枯藤老树昏鸦

小桥流水人家

古道西风瘦马

夕阳西下

断肠人在天涯

当然，张择端是不会想到一百多年之后会有一个元曲名家写出如此契合的一首小令。或许，作者只不过是想用这样一幅也同样有着诗一般意境的开篇，引导着我们，走过小桥，就即将走进一个意境悠远的文人的世界？而这个由文人主宰的歌舞升平的诗意盛世背后，是不是也如这个景致、这首小令一样，总能让人咀嚼出来那么一丝丝多愁善感的孤寂与凄凉？

诗意在画中继续延续着。

沿着小桥横跨过小溪，在晨霭还没消散的河边，七八间茅草屋静静地隐在三五

东篱赏菊图　（明）唐寅

丛树林的后面。这一定是一个安静的早晨。舢板还在小桥边悄悄地泊着，碌
碡亦在麦场上兀自闲着，鸡们还没有跑出来觅食，几头黑猪也还在栅圈里睡
得正香，田野和着柳梢头的新绿一起消弭在远处的雾霭里，勤劳的女主人正
在后院准备升起今晨的第一缕炊烟。

好一幅淡泊宁静的田园春居图！依稀仿佛看到陶渊明正从画面的某个深
处种豆归来，一路吟诵着"晨兴理荒秽，带月荷锄归"，享受着开荒南野、守
拙园田的隐逸生活。

陶渊明是真正的隐士，自从他辞官回家，归隐田园，写了"采菊东篱下，
悠然见南山"与《桃花源记》之后，菊花和桃花源便成了隐逸的代名词，陶
渊明亦成为"千古隐逸之宗"。

其实隐士自古有之。从《史记》所载第一位有史可考的隐士许由开始，
历经伯夷、叔齐、老子、庄周，到梁鸿、严光、陶潜、嵇康、陶弘景，隐逸
之风不绝。宋朝亦是如此，仅《宋史·隐逸传》就收录隐士五十余人，崇尚
隐逸之人更是不胜枚举，大名鼎鼎的欧阳修和苏东坡就都曾用诗文和行动表
达过对陶渊明的仰慕和追随之志。

隐士，是"隐而不见于世""不事王侯、高尚其事"、博通今古的文人。
不入于世，追求自我的独立和自由，与政府保持距离，是他们共同的人生态
度。因此，大多数的隐士都选择隐居在远离城市的郊野田园甚至名山大川之
中，耕田自资、诵经读史、寄情山水、著书立作、作诗唱和、畅神冥想是他
们主要的生活内容。这各种各样的雅好往往都和园林环境紧密联系着。且不
说林泉之致与园林环境同为一源，就是品茗息养、鉴赏古玩、琴棋自娱或是
养懒称病等，也常常是和园林游赏分不开的。因此，隐士们常常构筑园林，
他们的生活爱好与习惯便构成了园林生活的具体内容。

因崇尚自然，常与自然为伍，不受世俗的浸染和烦扰，使得他们形成了
自然、简练、含蓄的艺术思维习惯和偏爱宁静、和谐、淡泊、清远、注重自

我感受、长于抒情写意和表现哲理的审美取向。这些审美取向，自然也构成了他们所营造的园林的艺术特征。中国古典园林向着自然风格发展以及其独有的追求艺术化和意境化的特征之成熟于宋，在一定程度上要归功于隐逸和隐逸文化。

山斋客至图　（明）周臣

那么，与隐士自在适宜的隐逸生活情趣联系在一起的园林，又有着怎样的风貌、体现着怎样的精神呢？

朱长文的乐圃，最能反映隐居生活和隐逸文化之精髓。从其所撰写的《乐圃记》中，我们可以比较详尽地了解到这处私家园林的建设概貌。

这座占地三十多亩的园子里头，建筑并不多，由三间正

▶ 朱长文，北宋书学理论家，字伯原，自号乐圃、潜溪隐夫。乐圃是他所居宅园名字，在此"腐儒退隐三十年，独玩遗经思笔削"。筑有藏书楼"乐圃坊"，藏书两万余卷而闻名于京师，在当时的名人士大夫中流传着"不到乐圃坊为耻"的说法。时人尊称他为"乐圃先生"。

▶ 六艺：中国古代儒家要求学生掌握的六种基本才能：礼、乐、射、御、书、数。出自《周礼·保氏》。礼：礼节；乐：音乐；射：射骑技术；御：驾驭马车的技术；书：书法；数：算数。还有一种说法将六艺解释为六经，即《易经》《尚书》《诗经》《礼记》《乐经》《春秋》。

房和几间厢房构成居住的宅院，院南为园，为前园后宅的形式。园内主体建筑为用来讲论六艺的邃经堂，有着书屋性质，堂东侧是储藏粮食的米廪、畜养白鹤的鹤室和教授儿童的蒙斋；堂西侧见山冈上建有琴台和咏斋，是抚琴赋诗之地；冈侧引水入园成池，池中建有一亭名墨池，岸边亦有一亭名笔溪。池上三座小桥，都有命名：招隐桥通向溪池南畔，幽兴桥通向墨池亭，还有一座叫作西涧的小桥，则通向西圃。西圃有草堂，草堂之后是华严庵。草堂西南是一个高大的土丘，叫作西丘，其上生长着各种花卉树木草药果蔬，"名不可以尽记，状不可以殚书"，也是园主人"种木灌园，寒耕暑耘"之地。

　　予于此圃，朝则诵羲、文之《易》、孔氏之《春秋》，索《诗》《书》之精微，明礼乐之度数；夕则泛览群史，历观百氏，考古人之是非，正前史之得失。当其暇，曳杖逍遥，陟高临深，飞翰不惊，皓鹤前引，揭厉于浅流，踌躇于平皋，种木灌园，寒耕暑耘，虽三事之位，万钟之禄，不足以易吾乐也。

　　从园主人的传记，可感知到园主人耕读悠游的园居生活是多么的优雅惬意，其乐陶陶。早晨诵读六经，晚上博览群史，有空闲的时候，则在飞鸟和白鹤的伴随之下，游赏于优美的山水林木之间，刚刚还在墨池赏画，在笔溪挥毫的优雅书生，忽而又成了耕田种树的老农。每当瓜果梅李成熟之际，都不忘呼朋唤友来尝鲜饮酒，享受"众乐之乐"。

　　在一片园子里，既要享大自然山川林泽的天然之趣，又

峰下醉吟图　（明）徐贲

不弃文人诗书琴画的雅逸之事，园林要满足这两方面的需求，则势必要同时具有天然和雅趣这两个特征。西丘，则是充分展现大自然野趣的园地，主人赞其曰："景趣质野，若在岩谷。"而琴台、咏斋、墨池、笔溪、钓渚，则又在有限的空间内，营造了一个充满无限书墨香的雅致天地，不必亲临，仅仅只是这些写意的题名，也能让人感觉得到几许高蹈脱俗的意趣。

从园主人"吾观群动，无一物非空者"而推断，园居生活，其实更关注内心和精神的世界。朱长文在文章的开篇便解释了园名"乐圃"的含义，古代士人的出路大抵无非两种，或者出仕建功立业，或者效仿前人，退隐于渔、筑、农、圃之间，两者虽然"穷通虽殊"，但作者却认为"其乐一也"。又因推崇孔圣人的"乐天知命"和颜子在陋巷而不改其乐的品性，故将自家的园圃命名为"乐圃"，其实反映的是原主人虽不出于世却也"不以山林丧其志"，乐天知命，更多关注平和自在的精神世界的价值取向。"见山冈"之名，则更直接表达了园主人追随陶渊明，"采菊东篱下，悠然见南山"的隐逸之志。

▶ 苏舜钦，北宋诗人，字子美。早期诗作充满了对国家安危的关心、对人民疾苦的同情，满怀着报国壮志，形成豪犷雄放而超迈横绝的主导艺术风格，对宋诗革新有较大影响。退隐之后寄情山水自然景物，写了很多有关沧浪亭和苏州的诗作，风格幽独闲放。

▶ 沧浪亭最早为五代时吴越国广陵王钱元璙近戚孙承祐的池馆。宋苏舜钦买下废园，进行修筑，傍水造亭，题名"沧浪亭"，欧阳修应邀作《沧浪亭》长诗，自此沧浪亭名声大震。之后几度荒废，南宋初年曾为抗金名将韩世忠的宅第，清康熙三十五年宋荦重建此园，将亭子移于山巅，形成今天沧浪亭的布局基础。

可见，具有大自然山川林泽的天然、文人诗书琴画的雅趣和托物言志的意境之蕴涵，是乐圃所表现出来的隐士园林的基本特征。

北宋庆历四年（1044）秋，苏舜钦因进奏院公案被罢官为民，次年四月移居苏州，花四万钱买了城南一处废园，筑园名"沧浪亭"。关于这座园子，苏舜钦在其自撰的《沧浪亭记》中这样写道：

春山听琴图　（明末清初）杨晋

构亭北崎，号"沧浪"焉。前竹后水，水之阳又竹，无穷极，澄川翠干，光影会合于轩户之间，尤与风月为相宜。予时榜小舟，幅巾以往，至则洒然忘其归，觞而浩歌，踞而仰啸，野老不至，鱼鸟共乐，形骸既适，则神不烦，观听无邪，则道以明，返思向之汩汩荣辱之场，日与锱铢利害相磨戛，隔此真趣，不亦鄙哉！人固动物耳，情横于内而性伏，必外寓于物而后遣，寓久则溺，以为当然，非胜是而易之，则悲而不开。惟仕宦溺人为至深，古之才哲君子，有一失而死者多矣，是未知所以自胜之道。

　　这是一座建于城市中的山林，从文献的描述中可知，这座占地 1.1 公顷的小园建构非常简约、自然。文中记载的建筑物只有一个名叫沧浪的亭子，从作者"时榜小舟，幅巾以往"的记叙，可知这个园子属于游憩园类型。沧浪亭位于园北部的小山上，三面环水，四面绕竹，竹子非常之多，多到"无穷极"，竹影摇曳在窗前，尤其在有熏风和明月的夜晚景致最美。就在这么一个简约的城市山林里，园主人写出了"迹与豺狼远，心如鱼鸟闲"的诗句，悟透了世间的成败得失，获得了心神的娴静、恬淡与平衡。只此一亭一水一竹，便能让他"独绕虚亭步石矼，静中情味世无双"。这与王羲之、谢灵运时代的那种以亲身登临、遍游名山大川、在大自然山水中畅游为乐的趣味大不相同，看重的是恬淡自适，是娴静，是于片山勺水、一花一木间获得内在心性的舒展，而不是外在宏大、奇幽的山水景观，正谓"会心处不必在远，翳然林木，便有濠濮间想也"。

　　其实从园名上，也可以领悟到园主人以园明志、托物抒情的建园艺术。园名"沧浪"，园主人自号"沧浪

湖畔幽居图　（宋）夏圭

翁",寓意定然与《楚辞·渔夫》的诗意有关,"沧浪之水清兮,可以濯吾缨,沧浪之水浊兮,可以濯吾足",沧浪渔夫,作为隐逸文化的代表符号,这个名字含蓄而又明白地表达了园主人"政浊则退",不同流合污的气节志向。而竹子作为高节、刚直不曲君子之化身,则再一次表明了园主人的操守和人生态度。

酷爱醉卧山水间的欧阳修在游历了沧浪亭之后亦艳羡不已,大加赞叹,写下了"清风明月本无价,可惜只卖四万钱"的著名诗句。四万铜钱,按当时通行习惯约可折合五十二贯,《水浒传》中杨志在汴梁大相国寺前售卖的祖传宝刀要价三千贯。这样一对比,确实是便宜。诗文虽半带调侃,却道出了小

沧浪濯足图　（明）周臣

园灵魂之所在。苏舜钦退居的,不只是一个竹水相映的园林环境,更是在这里得到了精神的寄托,悟到了人生的真谛。园林则充当了他在自然与哲理之

间游弋的桥梁和载体。从这个意义上来说，写意的清风明月的价值，确是无法用金钱来衡量的。

北宋另一个有着传奇色彩的著名隐逸诗人林逋，孤高自好，性喜恬淡，四十余岁之后隐居杭州西湖，结庐孤山，二十余年足不及城市，以布衣终身。一生偏爱青山绿水，竟日驾着一叶扁舟遍游西湖，与高僧诗友往来。因爱梅成癖，绕着他的屋子四周种植了三百多株梅花。关于他在孤山

举杯玩月图　（宋）马远

的园林情况，史料记载有限，但从其"疏影横斜水清浅，暗香浮动月黄昏"的千古咏梅名句，流露出的直达灵魂的萧疏雅逸，人与自然俱化的情境，大概可以感知得到他那隐居之园的朴拙、自然、天然。

除了植梅，林逋还挚爱养鹤，养着一只叫"鸣皋"的白鹤。每当有客人来访，小童便会放飞鸣皋，正在悠游西湖的

▶ 林逋（967—1028），字君复，北宋初年著名隐逸诗人，通晓经史百家，孤高自好，性喜恬淡。曾漫游于江淮间，后隐居杭州西湖，终身不仕不娶，与梅花、仙鹤作伴。善绘画，但画作从不外传，长作诗，但诗成即弃。一生不求名禄，自谓："吾志之所适，非室家也，非功名富贵也，只觉青山绿水与我情相宜。"宋仁宗赐谥"和靖先生"。

梅妻鹤子 （清）周镐　　　　　　林和靖诗意图 （明）董其昌

林逋见到空中盘旋的白鹤，便知家中有客而棹舟归来。爱到什么程度？终生不仕不娶的林逋自己形容为"以梅为妻，以鹤为子"，不可不谓一痴人。故世人又以"梅妻鹤子"称之。

其结庐 20 年的孤山至今游人如织，而如今以梅花和鹤为主题的景点也非常之多，如梅岭、雪香云蔚、放鹤亭，大概都是追慕和靖先生闲云野鹤的人格魅力和"茂陵他日求遗稿，犹喜曾无封禅书"的洒脱人生吧。这些都是真隐士。宋朝的隐逸者有很多种类型。有终生不仕，怡情山水而隐者，如陈抟、杨璞、李渎、魏野、林逋等，可谓之基于自由的道家之隐，方外之士。他们追求顺应自然，摒弃一切外在诱惑，讲求逍遥游，物我两忘，与道合一。有被罢黜或辞官致仕，所谓看破红尘，对时事政治不满而隐者，如邓考甫、宇文之邵、吴瑛等人，也有为恪守孝道、质纯尚义、恩礼乡邻而隐者，如戚同文、孔旼，以及出

聘庞图 （明）倪端

仕之前的种放，这两种都可谓基于正义的儒家之隐。有先隐而以官终老的如万适、孔旼、黄晞、周启明、代渊等人。还有身居山林，虽不为官却心系国家大事，对时政形势了然于胸的隐者，被誉为山中宰相，像陶弘景，出山之前的诸葛亮。还有一类隐者，他们隐逸的行为已经不再是目的，相反却成为

入仕的一种手段，"结庐泉石，目注市朝"，就像寄居在葫芦庙中"钗于奁内待时飞"的贾雨村一样，都在等待着一个最合适的机会，好将"学成文武艺，货与帝王家"——即所谓"终南捷径"，如唐代卢藏用，宋朝被垢之为"伪隐士"的种放。

宋朝由于实行重文轻武的政策，文人的社会地位极高，又各任皇帝都极好地遵守了太祖赵匡胤制定的"不杀文官"的传统，使文人士大夫有着比任何朝代都宽松温和、自由高蹈的生存环境，因此，真正的隐士越来越少，更多的是"隐于园"的"中隐"者。

走出茅草屋，沿着门前的小溪便可进入汴河，沿着汴水逆流而上便是东京，在那里，就可以实现做一个亦官亦隐的中隐者的人生梦想。

东山报捷图　（清）苏六朋

二、中隐于园

一座庑殿顶的城门巍峨的横亘在《清明上河图》几近尾声的地方，清晰地划分着城里与城外的空间，穿过这道大门，便步入了人间天堂——富丽繁华的都城东京，这里的建筑比郊外更加的密集，规格更加的高等，相比郊外更多的悬山和硬山顶，甚至是土坯墙茅草屋建筑，这里出现了规格较高的歇山顶和象征着高等身份阶层的斗栱建筑。街上的八抬大轿、高头大马以及羽扇纶巾者也多了起来，如果看得再仔细些，还会发现繁华街市上的人们更多了一分斯文儒雅之气。这一切都在告诉我们，作为北宋都城的东京，除了经济的繁华，更是文化与政治的中心。几树挡不住的春色探出院墙，装点着景色，也暗示着数以百千计的园林将向着城市深处次第展放，欧阳修、司马光、晏殊、苏轼、沈括、周敦颐、秦观、黄庭坚……这一个个如雷贯耳的名字，一个个伟岸的身影，便出处于这里与庙堂之间，出便手持象牙笏板面圣于朝廷，处便诗酒悠游逍遥于家园池上，这便是所谓的"中隐于园"。

科举取士制度让广大知识分子有了进身仕宦之阶，官僚的身份不仅可以使他们兼济天下的理想抱负有了实现的可能，还可以享有优厚的俸禄和相应的权力地位，从此可以享尽荣华富贵，过人上人的日子。但官途多险恶，宦海沉浮，升贬无常，俗话说伴君如伴虎，今日可能还是春风得意的高官显贵，明日可能就成了阶下囚，士人们常常处在进退出处的矛盾困扰之中。但归隐田园、遁迹山林的"小隐"生活又过于孤寂、清贫，"大隐"于市朝，又有违于"学而优则仕"的道统。如何能够"达则兼济天下，穷则独善其身"，"仕""隐"兼得？于是，传统的隐逸文化在严峻而残酷的现实面前悄悄地发生了蜕变，"中隐"思想应运而生。最早提出"中隐"一词的是白居易，他将大隐和小隐进行折中调和，得到中隐，其诗《中隐》，便是这种隐逸思想清晰明白的写照和诠释。

杏园雅集图卷（局部）　（明）谢环

大隐住朝市，小隐入丘樊。

丘樊太冷落，朝市太嚣喧。

不如作中隐，隐在留司官。

似出复似处，非忙亦非闲。

终岁无公事，随月有俸钱。

君若好登临，城南有秋山。

君若爱游荡，城东有春园。

君若欲一醉，时出赴宾筵。

洛中多君子，可以恣欢言。

君若欲高卧，但自深掩关

亦无车马客，造次到门前。

人生处一世，其道难两全。

贱即苦冻馁，贵则多忧患。

唯此中隐士，致身吉且安。

穷通与丰约，正在四者间。

　　由此可见，所谓中隐就是亦隐亦仕，半官半隐，说白了就是任一个虚职、闲职，拿着朝廷的俸禄却不用侍候在朝廷左右，基本没有什么实质的事情可做的官员。这是士人们在社会与自然、政治与田园、物质与精神之间寻找到的一条平衡之路。这条路使得出仕与隐居这两种看似不可调和的矛盾获得了和谐，颇具有中庸主义色彩，符合中国传统文化之精神，故普遍为当时的士人所接受，唐代王维、白居易、韩愈、柳宗元，宋代欧阳修、苏轼、沈括等都是这种思想的践行者。

　　中隐的两个条件，一是社会、政治环境稳定，一是个人具有淡泊适宜、和谐从容的人生态度，此二者是这种矛盾调和得以产生的客观与主观条件。王维在《与魏居士书》中所说："苟身心相离，理事俱如，则何往而不适。"这种"出处之情一致、筌蹄之义两忘"的人生态度，就是中隐的处世哲学，也是广大士大夫所普遍采取的生活态度。

不必归居田园，更无须遁迹山林，便可以享受这种既入于世且又淡泊从容的生活的最理想的地方，莫过于家园、山池。园林融通了"出"与"处"，"兼济"与"独善"的立足心性、灵活自如的人生哲学与生活方式，在一定程度上满足了入世者的避世企望，在"显达"与"穷通"之间起到了缓冲作用。诚如白居易所言："人间有闲地，何必隐林丘。"身居园林便可实现王维所谓的"迹峥峭而身拖朱绶，朝承明而暮宿青霭"，既可以居庙堂而寄情于林泉，又能够居林泉而心系庙堂。"进不趋要路，退不入深山。深山太濩落，要路多艰险。不如家池上，乐逸无忧患。"隐逸，更多地成为一种园林情调。白居易用身体力行的实践证明了这一点，履道坊宅园、庐山草堂就是他中隐思想物化的结果。

履道坊宅园是白居易自杭州刺史任上回到洛阳之后的定

▶ 王维《与魏居士书》旨在劝魏居士出仕，但其劝说的理由却并不限于儒家修身、齐家、治国、平天下的用世精神，而是旁涉释道，并归结于主观的自在适意与否的范畴。认为仕与隐并无本质上的区别，真正的高士应该视出仕与入世为一，看官署与山林无二，无论处于何等境地，都能适心如意。王维打破了非此即彼二元论的简单对立形态，突破了忧心在朝、养性于野的狭隘的处事方式，若在仕隐之间着重建设心灵和精神世界的自由，保持自我人格的清高适意和内在性灵的高度自由，做到道家的"内圣外王"和禅宗的"不执着"，是能够做到亦仕亦隐，仕隐双全的，故能"无往而不适"。

▶ "出处之情一致、筌蹄之义两忘"，王勃语，出自《夏日宴张二林亭序》，表达对仕隐兼修观念的认同。出：出仕，出将入相；处：隐逸，归隐，功成身退。筌：捕鱼的竹器；蹄：拦兔的器具。《庄子·外物》："筌者所以在鱼，得鱼而忘筌；蹄者所以在兔，得兔而忘蹄。"后以"筌蹄"比喻达到目的的手段或工具。此处意指对于仕与隐的态度，只要能够达到恪守内心的自在适意，隐与仕并无二致。

商山四皓图卷（局部） （明清）佚名（传南唐王齐翰）

▶ 履道坊宅园，位于洛阳履道坊西北隅，白居易 53 岁罢杭州刺史，至洛阳购得此园，致仕后居此 18 年，加之之前的 7 年总计 25 年，是白居易一生中家居时间最长的地方。白居易是唐代伟大的现实主义诗人，同时也是卓有成就的造园学家。他的园林及美学理论和园林实践活动，对我国园林艺术发展产生了深远影响。履道宅园是他园林美学思想的集中体现。

居之所，属于前宅后园类型的私家宅院，白居易对这座晚年借以安身立命的宅院热爱至深，写下了多篇赞美的诗文传记，正是透过这些优美的文字，让我们清晰地看到了白家翁一千二百年前的家园，看到了白家翁在园林里歌酒优游的陶然岁月。

宅园占地十七亩，除去住宅所占据的五六亩地之外，其余都用来营造园林。园林以水景为主，水池很大，有五六亩地的样子，池中还有三个岛屿，有拱桥和平桥相连。因"无粟不能守"，故在水池的东侧建了粟廪；"无书不能训"，遂在水池北面建书库；"无琴酒不能娱"，而在水池的西侧建了琴亭——大概园内建筑就这些，极其的疏朗。水池的周围种植着几千竿翠竹和几十株乔木——极其的自然。水边放置着太湖石，池中种植着白莲紫菱，青板舫随意地泊着——这些都是罢苏州刺史时带回来的心爱之物。每当春风吹皱一池春水，或月影徘徊水面，或白莲盛开之晨，或露清鹤唳之夕，园主人就会在这里坐卧于青石之上，饮酒弹琴，沉醉《霓裳》。所喝美酒是用友人陈孝山赠予的酿造方法酿制的，所弹清琴是友人崔晦叔赠予的，弹奏的淡雅之曲《秋思》，是友人姜发教授的，就连坐卧

的大青石，亦是友人馈赠。——睹物难免思人，在园林里陶然欲醉的园主人，其内心深处，是否有对往昔、对故人的留恋和无奈？在这一方有限的园林空间里，其实寄托了园主人无限的精神追求。

大概白居易是一个喜欢热闹的人，故经常邀请朋友来园中以文会友。在他七十四岁时曾在这里举行"七老会"，宴罢赋诗唱和。园主人最喜欢的两件事，一为喝酒，一为赋诗，园居十年，赋诗千余首，一年酿酒数百斛。除此之外，安心于研究佛教，"通学小中大乘法"，和嵩山高僧如满是佛门朋友。

白居易当时任的是"太子宾客"的闲散官职，因此可以经常优游于园内。在这处由水、竹、石构成的小园中，园主人过着酒、琴、诗的自在生活，园林虽小，却可以任由精神驰骋，园居者从中获得的，其实是一种空灵无扰，澄澈一如的生命境界。所以园林不在大，在乎因一竹一石而产生的无限意境，在乎因园主人的活动而被赋予的精神内涵，在乎借景成趣。

他的庐山草堂，也只不过"三间两柱，二室四牖"，"木

▶ 会昌五年（845）春、夏白居易在洛阳发起两次尚齿之会宴集活动，参加者同为九人。春天宴集，据《新唐书》《白居易传》载："（白居易）尝与胡杲、吉皎、郑据、刘真、卢真、张浑、狄兼谟、卢贞宴集，皆年高不仕者，人慕之，绘为《九老图》。"因狄兼谟、卢贞年未七十，虽与会而不列为"老"，可称老者七人，故称为"七老会"，编集《七老会诗》；夏天宴集，与会者均年过七十，可称为"九老会"。

会昌九老图　（宋）李公麟

▶白居易贬官江州时期曾在庐山北麓香炉峰下、遗爱寺南建草堂隐居，并亲身参与草堂的选址、计划和营建。庐山草堂是白居易修建的几处私园中情绪投入最多的一处，是他理想的终老之地，最能代表白居易的林园思想。在《庐山草堂记》中，白居易详细记叙了庐山及草堂优美环境、园居生活以及他的临泉之志，被视为中国园林学的奠基之作。本段引文皆出自《庐山草堂记》。

▶司马光，字君实，号迂叟，陕州夏县（今山西夏县）涑水乡人，世称涑水先生，北宋政治家、文学家、史学家。为人温良谦恭、刚正不阿，其人格堪称儒学教化下的典范，历来受人景仰。王安石变法以后，司马光离开朝廷，隐居洛阳独乐园十五年，完成其主持编纂的中国历史上第一部编年体通史《资治通鉴》。

斫而已，不加丹；墙垍而已，不加白"，小且简陋，主人却乐在其中："乐天既来为主，仰观山，俯听泉，旁睨竹树云石，自辰及酉，应接不暇。俄而物诱气随，外适内和，一宿体宁，再宿心恬，三宿后颓然，嗒然，不知其然而然。"到达这种身心俱遗、物我双忘的境界，才是园居的目的和乐趣所在。

在以少胜多，借景成趣方面，还有一个典型的例子，就是北宋司马光的独乐园。关于独乐园的规模和构成，李格非的《洛阳名园记》如是记载：

> 园卑小，不可与它园班。其曰'读书堂'者，数十椽屋；'浇花亭'者，益小；'弄水'、'种竹'轩者，尤小。曰'见山台'者，高不愈寻丈；曰'钓鱼庵'、曰'采药圃'者，又特结竹杪、落蕃、蔓草而为之尔。

从园主人亲撰的《独乐园记》可知，此园占地约略二十亩，园内主体建筑是有藏书五千卷的读书堂，堂南是弄水轩，堂北是水池，池中有岛，岛上是钓鱼庵，池北是种竹斋，池东

独乐园图卷（局部）　（明）仇英

种植着一百二十畦草药，畦北边是采药圃，圃南是六个花栏，分别种植着芍药、牡丹和杂花各两株，边上筑有浇花亭，为了能够看到城外的万安、轩辕和远处的太室山，又在园中堆台筑屋，名见山台。

园子不大，而且"在洛中诸园，最为简素"（《元城先生语录》刘安世语），但对园主人来说却有十足的韵趣。司马光在此居住十五年，读书著作，游赏劳作，过着快乐而充实、平淡却雅致的日子。中国历史上第一部编年体通史巨著《资治通鉴》，就是在这里编纂而成的。

迂叟平日多处堂中读书，上师圣人，下友群贤，窥仁义之原，探礼乐之绪，自未始有形之前，暨四达无穷之外，事物之理，举集目前。……志倦体疲，则投竿取鱼，执衽采药，决渠灌花，操斧剖竹，濯热盥手，临高

闭户著书图　（明）沈颢

纵目，逍遥相羊，唯意所适。明月时至，清风自来，行无所牵，止无所梐，耳目肺肠，悉为己有，踽踽焉、洋洋焉，不知天壤之间复有何乐可以代此也。

相比于中唐后期的士流园林，在景致的天然素朴，园居活动的雅趣之外，独乐园更多了意境的蕴涵；园林的功能，更多的是在表达园主人的精神和情操追求，所谓"唐人尚法，宋人尚神"，独乐园写意化的园名和景点命名，足可证之。

关于"独乐"之名，司马光在《独乐园记》开篇便作了透彻地解释。司马光谈到有几

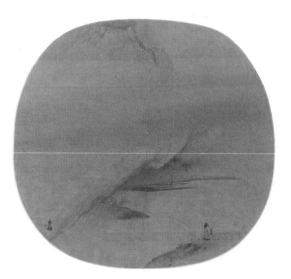

泽畔行吟图 （宋）梁楷

种"乐"，一是孟子所说的"独乐乐，不如与众乐乐"，他称之为王公大人之乐；颜回"一箪食，一瓢饮，不改其乐"之乐代表的是圣贤君子之乐，这些都不是自称为"贫贱者"和"愚者"的司马光追求的乐，他要的乐是"若夫鹪鹩巢林，不过一枝，偃鼠饮河，不过满腹，各尽其分而安之"之乐，也就是追求安恬自足自适、顺任自己的平常性情，自我逍遥之乐，大有"躲进小楼成一统，管它春夏与秋冬"的处世境界。司马光之所以从翰林学士之位求换"判西京御史台"的闲缺，而隐退洛阳，盖因反对王安石推行新政，既然无法反对，只好独善其身，退回到一己心中，以内心的安恬淡泊为乐。"独乐"——"自伤不得与众同也"。想必司马光在小园夤夜独自徘徊的时候，其内心深处，也藏着与屈子一样"众人皆醉我独醒"的无奈和无助。

　　园中诸景点的题名也是颇费心思、含义深远的，单从"见山""弄水""采药""种竹"，便会使人自然而然地联想到"悠然见南山"的情致和"水能性淡为吾友，竹解虚心即吾师"（白居易卷《池上竹下作》）的境界。其实，园内每一处景点的命名，都代表了园主人的一种人生理想和追求，每首诗都以"吾爱"开头的《独乐园七题》，将作者追随隐逸、安于园居的心迹表露无遗。

　　在一个简约质朴的亭台竹水的宅园里而能游于目却骋于怀者，温公也。从白居易到司马光，中唐至宋以来，园林的主人所追求的，是这样的空间环境：能够在有限的物质空间形态中求得一己性情的自得自适，在这种自适中体味与宇宙及人世相顺应的安宁与"自由"。在园林里，精神的自由驰骋比物质的享受更重要——这种园林趣味取代了以往那种模山范水或把大规模的自然山水形态纳入园林的追求，成为文人士大夫们兴建园林的主导精神，也引导着文人园林向着更进一步的写意化的方向发展。

▶ 屈原（约公元前 342—前 278），伟大的爱国诗人，名平，字原。战国时期楚国贵族出身，任三闾大夫、左徒，兼管内政外交大事。后遭排挤，被流放沅、湘流域。秦灭楚后，投汨罗江自尽。中国古代浪漫主义诗歌奠基者，主要作品有《离骚》《九章》《九歌》等。创造的"楚辞"与《诗经》并称"风骚"二体。

事茗图　（明）唐寅

▶ 959 年，周世宗柴荣崩，八岁的周恭帝柴宗训即位。殿前都点检、归德军节度使赵匡胤，与禁军高级将领石守信、王审琦等结义兄弟掌握了军权。公元 960 年，赵匡义和赵普等密谋策划，发动陈桥驿兵变，众将以黄袍加在赵匡胤身上，拥立他为皇帝。赵匡胤即位后，改国号为"宋"，仍定都开封。

三、壶天之隐

掌握后周政权的都点检赵匡胤陈桥驿兵变黄袍加身做了皇帝，天下得的是如此容易，让他深惧武将掌权的厉害，于是在开国之初便上演了两出杯酒释兵权的好戏，成功解除了武官的兵权，根除了军人拥兵自重的祸患，也彻底改变了唐末以来藩镇割据和宦官乱政的局面。自此国中百年无内战，老百姓过上了安稳幸福的日子。

唐朝实行的里坊制城市建设与管理制度到了北宋已被彻底打破，开放的街巷制居住方式取代封闭的里坊制，市肆不再仅仅限定在"市"内，而是分布在全城，与居住相混杂，各种店铺沿街巷、河道而设，形成繁华的商业街，这种城市建设模式被称为街市制。由于适应了第二、第三产业商品经济高度发展的需求，在北宋的东京达到鼎盛，也促进了城市的繁荣和生

清明上河图（部分）集肆之盛　（宋）张择端

活的丰富性。据说东京城内开肆三万家，店铺鳞次栉比，行业五花八门，各有特色，宵禁也被取消，甚至出现了整晚经营的夜市。

《清明上河图》也佐证了这一点。图中绘制的房屋建筑约有百十余栋，除了寺庙、官府机构、极少住宅之外，大多数临街、临河的房子几乎皆为店铺，除了近乎半数的酒楼茶肆餐饮之外，什么客栈、药铺、绸布庄、纸马店、木工作坊、香料铺、屠户、当铺、香汤（浴池）等，生活娱乐所需，可谓应有尽有。除了店铺，还有在街边街头摆置的各种小摊点，卖饮料的、卖字画的、卜卦看手相算命的、说书的、美容的，卖铁器和鞋子的小贩竟然把摊子摆在了人流熙熙攘攘的虹桥上！还有挑着担子沿街叫卖炊饼、山花、甘蔗的，五行八作一应俱全，其热闹程度一点都不输于现代大都市里的商业街。

为了多点营业面积，人们纷纷把房子往街上扩，摊子往街上摆，甚至还有人把房子盖在了街上，这是在宋朝才开始出现的特殊现象——侵街，街道变得越来越窄，显得人也愈发的多，街市愈发的红火热闹，北宋市场发展之成熟，商业之繁荣，由此可见。

孟元老在《东京梦华录·序》里，对东京的繁华盛况亦有生动形象的描述。

> 太平日久，人物繁阜。垂髫之童，但习鼓舞；斑白之老，不识干戈。时节相次，各有观赏：灯宵月夕，雪际花时，乞巧登高，教池游苑。举目则青楼画阁，绣户珠帘。雕车竞驻于天衢，宝马争驰于御路。金翠耀目，罗绮飘香。新声巧笑于柳陌花衢，按管调弦于茶坊酒肆。八荒争凑，万国咸通。集四海之珍奇，皆归市易。会寰区之异味，悉在庖厨。花光满路，何限春游。箫鼓喧空，几家夜宴。

跟汉朝比，宋朝无内乱，跟唐朝比，宋朝更繁华舒适。天下太平，生活富裕，这样的日子势必会滋生享乐的思想。园林，除了能满足人们物质和精神生活的美好享受之外，有时候还会成为人们斗奇炫富的手段。在这种浮华、奢靡、讲究游赏玩乐的社会风气影响之下，上自帝王仕宦，下至庶民百姓，大兴土木、广造园林当是情理之中的事。

秋窗读易图　（宋）刘松年

宋继续实行唐以来的科举取士制度，并通过不断地改革使其更合理、更完善。其中最重要的一点是扩大了取士范围，考试面向全社会，除重刑罪犯、不孝子、还俗僧道三种人外，其他人均有参考资格，一改唐代"上品无寒门，下品无士族"的门阀士族垄断局面，"学而优则仕"，科举也为广大寒士、农民、商人侧身于知识界与政治界，彻底改变命运打开了大门。连真宗赵恒都说："书中自有千钟粟，书中自有黄金屋；书中自有颜如玉；书中车马多如簇。"既然学习能带来这么丰厚的回报，学习之人自是争先恐后，趋之若鹜，学文之风四起，文化教育事业蓬勃发展，书院盛行。直到千年之后的今日，它们中的一些名字仍如雷贯耳，它们仍可以作为文化与文明的图腾让后人顶礼膜拜，如岳麓书院，白鹿洞书院，嵩山书院，茅山书院。

解除了武将兵权的赵官家认为：即使一百个文官贪污腐败，危害也不及一个武官祸乱。因此，便把主政、主兵、主财的三司和州郡地方长官之职均交给文官来担任，成就了宋代"文官执政"的最大政治特色。"兴文教，抑武事"的重文轻武制度，使得宋代文人得到了比以往任何朝代都高的社会地位，文人所担任的官职数量，也比任何一个朝代都多。北宋全国官员总数到徽宗时期近五万人，是汉朝的六倍，唐朝的两倍。文官多半是文人，许多大官僚同时也是知名于世的文学家、画家、书法家，甚至作为最高统治者的皇帝如赵恒、赵佶亦跻身于名书法家、名画家之列。他们或者亲自参与造园的规划设计，或者为园林赋诗传记，或者在园林里进行琴棋书画禅酒茶的高雅活动。凡此种种，便将其文雅高蹈之气渗透到园林之中，引导园林更进一步向着文人化的方向发展最终而形成"文人园林"，其影响及于皇家、佛道及庶民。作为造园活动的主流，"文人园林"成为涵盖面最广的园林风格。文人造园活动盛极一时。

司马光《洛阳耆英会序》，记叙了一次效仿白居易"七老会"而举行的聚会。十二位居住在洛阳已经致仕或虽未致仕而颇为失意、年已古稀（除司马光是年六十四岁之外）的官僚，齐聚在宰相富弼的富郑公园，大概进行了一次除了喝酒宴请之外，还有游赏、唱和之类的雅聚活动，并制定了其后轮流坐庄宴请聚会的章程。类似的活动还有在北宋驸马都尉王诜的府第西园举行的各种文人墨客的雅集，王诜曾邀请苏轼、苏辙、黄庭坚、米芾、蔡肇、李之仪、李公麟、晁补之、张耒、秦观、刘泾、陈景元、王钦臣、郑嘉会、圆通大师（日本渡宋僧

▶《宋史·文彦博传》："（文彦博）与富弼、司马光等十三人，用白居易九老会故事，置酒赋诗相乐，序齿不序官。为堂，绘像其中，谓之'洛阳耆英会'，好事者莫不慕之。" 参者为：韩国公富弼，年七十九；潞国公文彦博，年七十七；席汝言，年七十七；王尚恭，年七十六；赵丙，年七十五；刘几，年七十五；冯行己，年七十五；楚建中，年七十三；王慎言，年七十二；王拱辰，年七十一；张问，年七十；张焘，年七十；司马光，年六十四。

▶富郑公园，李格非的《洛阳名园记》中记叙的第一座园林，宰相富弼的宅园，在当时洛阳的诸多园林中以"景物最胜"而著称。富弼，洛阳人，宋仁宗、神宗两朝宰相，熙宁二年，因与王安石新法异议，罢相，五年致仕，封韩国公，宋人称"富韩公"或"富郑公"，燕息宅园十二年。

大江定基）等十六位大文豪、大画家同游西园，史称"西园雅集"，应可以视之为史上最星光灿烂、最高雅风流的一次聚会。

李格非《洛阳名园记》记叙了在洛阳的十八处私家园林，园主人多为仕宦。王明清《玉照新志》描写当年的汴京，几乎随处有"天姬之馆，后戚之里，公卿大臣之府，王侯将相之第"。《东京梦华录》更记载贵族勋臣的府第遍及全城，多到甚至到了"不欲遍记"的地步。

北宋私家园林之兴盛，由此可见一斑。

宋朝这些文人官员比其他朝代的官员更幸福的一点还在于，他们不必因为侍奉在朝廷左右而有"伴君如伴虎"的战战兢兢、口不敢言的恐惧。

文潞公耆英会图　（宋）佚名

据传是因为赵匡胤曾立下了"不得杀士大夫及上书言事人"的"誓碑"，不管这传说是真是假，事实上大宋的所有皇帝都在践行着这条誓约。"百年未尝诛杀大臣"——这种宽容的文化政策，给了士大夫们极高的言论自由和思想解放。在这种自由的氛围下，文人士大夫们著书立说、推究义理、参禅悟道、授徒讲学成为社会风尚。文风之盛，远迈前代，促成了宋代的文化大发展。著名史学家陈寅恪先生对此作出了极高的评价："华夏民族之文化，历数千载之演进，而造极于赵宋之世。"也有人将宋朝称为中国历史上的文艺复兴时期。园林作为文化的一个重要内容，也不例外，它历经千余年的发展也"造极于赵宋之世"而进入完全成熟期，造园技术、艺术和数量都达到历来的最高水平，形成中国古典园林发展史上的一个高潮阶段。

　　作为中国传统文化主题的儒、道、释三大思潮，在宋朝炽烈的学风之下都有了比较重要的发展和蜕变。儒学开始与佛道结合发展成为新儒学，进而形成理学；佛教衍生出完全汉化的禅宗；道教从民间的道教分化出向老庄、佛禅靠拢的士大夫道教。三教开始了相互交流、相互渗透、相互摄取，甚至是三教合一的发展，王安石便是"糅杂释老"，第一个"援法入儒"之人。仍然作为主流正统的儒家从佛、道两家所取的，是偏重于义理方面和内向的心性修养方面的东西，而对儒家的主张一直坚守不变的，则是那个经世致用的原则。到北宋后期，程颢、程颐更把儒家学说向着抽象的方向和玄妙精深的方向以及专从事于个人身心修养的方向推进，由其门弟子们推波助澜，到南宋方形成理学这一学术流派。

　　因此，从宋朝开始，文化的发展也和其哲学体系的发展

▶ 相传宋太祖赵匡胤（927—976）立国不久，即订立誓约三条，核心内容为"不得杀士大夫及上书言事人"，若"子孙有渝此誓者，天必殛之"，并刻于石碑，藏于太庙寝殿夹室，此碑史称"宋太祖誓碑"。命令子孙为皇帝者，要优待前朝宗室之后裔，且不得滥杀士大夫与上书言事之人，否则天必讨灭之。

▶ 禅宗，又称宗门，汉传佛教宗派之一，始于菩提达摩，盛于六祖惠能，中晚唐之后成为汉传佛教的主流，也是汉传佛教最主要的象征之一。
其核心思想为："不立文字，教外别传；直指人心，见性成佛。"意指透过自身实践，从日常生活中直接掌握真理，最后达到真正认识自我。

▶ 经世致用：宋代后逐渐形成的一种提倡研究当前社会政治、经济等实际问题，要求经书研究与当时社会的迫切问题联系起来，并从中提出解决重大问题方案的治学方法，又称经世致用之学。其特点是以解释古代典籍为手段，从中发挥自己的社会政治见解，并用于社会改革。

一样，都在一种内向封闭的境界中实现着从总体到细节的不断自我完善，文化艺术已由面上的向外拓展转向于纵深的内在开掘，其所表现的精微细腻程度是汉唐无法企及的，但同时也逐渐失去了汉唐文化的磅礴、豪迈之势。作为文化艺术形式之一的文人园林，其审美对象和审美情趣也会随着文人治学观、世界观的变化而发生变化，开始从追逐自然山水的恢宏逐渐走向追逐内在的精神，开始更多地受到文人趣味的浸润。它们不仅在造园技巧、手法上表现了园林与诗、画的沟通，更多的追求诗情画意，而且在造园思想上融入了文人士大夫的独立人格、价值观念和审美观念，开始将宇宙、哲理渗透到

虎溪三笑图　（宋）佚名

园林创作之中而逐渐走向抽象、写意。

沈括在《梦溪自记》中，将"与之酬酢于心目之所寓者：琴、棋、禅、墨、丹、茶、吟、谈、酒"称为"九客"，禅、茶与诗、书、画、酒等一同进入了士大夫们的园居生活，园林势必会受到禅理禅趣的濡染并要为之提供相应的环境，让士大夫们在向外参与政治、时事的同时，也能够常常退回到一己心中，品味内心的安恬淡泊。司马光的"独乐"，就表现了这种乐趣。

药山李翱问答图　（宋）马公显

▶《咸淳临安志》，南宋地方志，宋度宗咸淳时潜说友撰，共一百卷，是研究临安地方史和宋史的重要史料。临安，今杭州。

《咸淳临安志》论宋代私园"有藏歌贮舞流连光景者，有旷志怡神蜉蝣尘外者，有澄想遐观运量宇宙而神游其寄焉者"，前者显然着重于生活之享受，后两者则已明显寓有魏晋南北朝以来一脉相传的隐逸思想和显而易

▶ "壶中天地"，道家所说的仙境，或比喻超凡脱俗的境界。据《云笈七鉴·二十八治》记载，离成都一千多里的地方，有一座云台山，张天师看到道观没人管理，就派弟子张申做云台道观的主持。张申身上有一把酒壶，只要他念动咒语，壶中便会展现出日月星辰、蓝天大地、崇山峻岭、花草树木、亭台楼阁等各种奇景。到了晚上，张申便钻进壶里睡觉，尽情享受里面的神仙世界。他把壶中的天地称为"壶天"。这就是"壶中天地"的由来。《后汉书》和《神仙传》都记载了这样的故事：东汉时有个叫费长房的人。一日，他在酒楼喝酒解闷，偶见街上有一卖药的老翁，悬挂着一个药葫芦兜售丸散膏丹。街上行人渐渐散去，老翁就悄悄钻入葫芦之中。费长房断定这位老翁绝非等闲之辈。他买了酒肉，恭恭敬敬地拜见老翁。老翁知他来意，领他一同钻入葫芦中，只见朱栏画栋，富丽堂皇，奇花异草，宛若仙山琼阁，别有洞天。

见的文人的精神寄托，即属于文人园林风格的范畴。

从总体境界上看，文人园林是清幽、超逸、空灵而隽永的。作为精神空间，它们是物境与心境的统一体，不拘泥于外在形态上的模山范水，搜奇列异，包罗毕备，而以情性的舒展、心灵的自由灵动为根本。所以，园林的创作不再以规模的大小为主要，而更关注如何在咫尺的物质环境内开拓出广大的精神世界，在有限的物境中创造无限的意境。从而出现了把园林与"壶中天地""须弥芥子"的美学概念联系起来的所谓"壶天之隐"。在描摹艮岳景点的百咏诗中就出现了这样的诗句，如对《萧闲馆》的摹状："书草吹来种种香，好风移韵入松篁。丹台紫府无尘事，倚觉壶中日月长。"以及《清虚洞天》诗："玉关金锁一重重，只见桃源路暗通。行到水云空洞处，恍如身世在壶中。"壶中天地源出于古老的神话传说，在这个天地里面，日月星辰，蓝天大地，亭台楼阁俱佳，隐在其中，既避开了尘世的扰攘，却仍能享受人间的清福，所谓"壶中日月存心近，岛外烟霞入梦清"，与"诗在山林，人在城市"同趣。张申白天在世间做凡人，晚上在壶中当神仙的壶天之隐，恰恰就是进能"治国平天下"，退则修身养性，将"内圣"和"外王"的矛盾相和谐统一的文人士大夫们所追求的中隐。因此，自两宋至明清，"壶天"一直被悬为文人的造园艺术所欲达到的理想境界，甚至直接把它作为工巧细致的文人园林的代称了。

大文豪苏轼曾在蓬莱阁下捡到一块久被海浪冲击而圆润可爱的石头，藏在袖中带回家中，每每看到此石，便如看到了大海般心旷神怡，"小小一室如是江海，枕席之上即可心游湖海"。因有"我持此石归，袖中有东海"诗句，袖海也如瓶隐、壶中日月一样，成为恬淡自适的、意蕴深远的、封闭的、精美的、微缩的文人园林的象征。

文人园林在宋朝大放异彩，其影响甚至及于朝廷，宋皇家园

庭院双鹤图 （元）柯九思

林在文人园林风格的浸染之下，也渐渐失去了皇家气派，越来越多了文人气息。谁让重文轻武的宋朝出了个除了做皇帝，诗文绘画样样成功的徽宗赵佶呢。

▶ 瓶隐：传说能隐入瓶中的仙人。出自唐刘㤊《树萱录》："申屠有涯放浪云泉，常携一瓶，时跃身入瓶中，时号瓶隐。"常被用来喻隐逸之人。晚清翁同龢被罢黜回老家常熟后，在虞山西路鹁鸽峰下的祖坟边修建了几间房屋，即命名为瓶隐庐，借以表明自己不再过问政事，过如隐入瓶中的隐居生活的决心。

［链接］

汴京八景

　　汴京号称七朝古都，尤其北宋在此建都一百六十八年，历经九代皇帝，是全国政治、经济、文化中心，名胜古迹众多，"汴京八景"是其中的精华。清乾隆年间撰修的《祥符县志》中记载的"汴京八景"为：

　　繁（pó）台春色：位于开封城东南角，因附近原来居住姓繁的居民，故称为繁台。每当清明时节，繁台之上桃李争春，杨柳依依，晴云碧树，殿宇峥嵘，京城居民郊游踏青，担酒携食而来，饮酒赋诗，看舞听戏，赏花观草，烧香拜佛，在此尽情享受春天的美景。现仅存一座建于北宋开宝年间的繁塔，是开封现存最古老的建筑物。

　　铁塔行云：位于开封城内东北隅，原系北宋开宝寺内存放佛舍利的宝塔，塔身为等边八角十三层，高 55.88 米，通体遍砌铁色琉璃釉面砖，砖面图案有佛像、飞天、乐伎、降龙、麒麟、花卉等五十多钟。塔身挺拔、装饰华丽，犹如一根擎天柱，拔地刺空，风姿峻然。塔身内砌旋梯登道，可拾阶盘旋而上，登到第五层可以看到开封市内街景，登到第七层看到郊外农田和护城大堤，登到第九层便可看到黄河如带，登到第十二层直接云霄，顿觉祥云缠身，和风扑面，故有"铁塔行云"之称。

　　金池夜雨：金池即金明池，原系北宋时四大皇家园林之一，是水上游戏、演兵的场所，位于开封市西郊演武庄一带。池内遍植莲藕，每逢阴雨绵绵之夜，人们多爱到此地倾听雨打荷叶的声音。

州桥明月：州桥是横跨汴河、贯通皇城的一座石桥。据《东京梦华录》记载："州桥，正名天汉桥，正对于大内御街。其桥与相国寺桥皆低平，不通舟船，唯西河平船可过。其柱皆青石为之，石梁石榫楯栏，近桥两岸皆石壁，雕镌海牙、水兽、飞云之状。桥下密排石柱，盖车驾御路也。"是当时汴河上十三座桥中最壮观的一座，每当月明之夜，"两岸夹歌楼，明月光相射"，登桥观月的人群纷至沓来，熙熙攘攘。人们俯瞰河面，银月波泛泛，皎月沉底。故被誉为"州桥明月"。

梁园雪霁：梁园系西汉初年汉文帝之子刘武于睢阳（今河南商丘）建造的园林，并不在开封，但由于开封历史上曾长期称大梁、汴梁，故使很多人产生误解，把梁园也列入汴京八景之一。人们用"秀莫秀于梁园，奇莫奇于吹台"的俗语形容梁园。尤其是到了冬天，白雪覆盖，万树着银，翠玉相映，当风雪停、云雾散，太阳初升时，梁园银装素裹，分外妖娆，景色更加迷人，故有"梁园雪霁"之称。

汴水秋声：汴水，即汴河，每当深秋季节，汴水猛涨，碧波千顷，宛如银链，阵阵秋风吹来，波涌浪卷，芦花似雪，波击风鸣，水声清越，故有"汴水秋声"的美称。

隋堤烟柳：隋堤，即汴河之堤，上盛植杨柳，叠翠成行，风吹柳絮，腾起如烟。每当清晨，登堤遥望，但见晓雾蒙蒙，翠柳被笼罩在淡淡烟雾之中，苍翠欲滴，仿佛半含烟雾半含愁，景致格外妖媚，是一幅绝妙的柳色迷离的风景画。

相国霜钟：相国即大相国寺。大相国寺系北宋皇家寺院，寺内有钟楼两座，当时每日四更寺钟即鸣，人们闻钟声纷纷起床上朝入市，投入新的一天生活。虽经风雨霜雪从不间断。特别是每逢深秋菊黄霜落季节，猛叩铜钟，钟楼上便传出阵阵雄浑洪亮的钟声，声震全城，故有"相国霜钟"之称。

独乐园七题

读书堂

吾爱董仲舒，穷经守幽独。
所居虽有园，三年不游目。
邪说远去耳，圣言饱充腹。
发策登汉庭，百家始消伏。

种竹斋

吾爱五子猷，借宅亦种竹。
一日不可无，萧洒常在目。
雪霜徒自白，柯叶不改绿。
殊胜石季伦，珊瑚满金谷。

见山台

吾爱陶渊明，拂衣遂长往。

手辞梁主命，牺牛惮金鞅。

爱君心岂忘，居山神可养。

轻举向千龄，高风犹尚想。

采药圃

吾爱韩伯休，采药卖都市。

有心安可欺，所以价不二。

如何彼女子，已复知姓字。

惊逃入穷山，深畏名为累。

满花亭

吾爱白乐天，退身家履道。

酿酒酒初熟，满花花正好。

作诗邀宾朋，栏边长醉倒。

至今传画图，风流称儿老。

钓鱼庵

吾爱严子陵，羊裘钓石濑。
万乘虽故人，访求失所在。
三公岂易贵，不足易其介。
奈何夸毗子，斗禄穷百态。

弄水轩

吾爱杜牧之，气调本高逸。
结亭侵水际，挥弄消永日。
洗砚可抄诗，泛觞宜促膝。
莫取濯冠缨，区尘污清质。

里 坊 制

　　承传于西周时期的闾里制度，是中国古代主要的城市和乡村规划的基本单位与居住管理制度的复合体，汉代的棋盘式的街道将城市分为大小不同的方格，这是里坊制的最初形态。三国至唐里坊制达到极盛时期。

　　如唐长安的罗城，由一百零八个坊和东、西两个市组成，坊有四种规模，最大的约八十九公顷。有些坊内有大府第和大寺庙，坊、市周围都用高大的夯土墙包围，大都开四个坊门。里坊整齐划一，白居易形容其为："千百家似围棋局，十二街如种菜畦。"坊内一律不允许建设店肆，所有的商业活动都必须集中在市内进行，实行严格的"夜禁"制度，即"昏而闭，五更而启"，夜长安便是一派"六街鼓绝行人绝，九衢茫茫空有月"的寂寥景色。唐代中期以后，里坊制逐渐崩溃。

北宋著名书院

　　白鹿洞书院，位于庐山五老峰南麓，在唐代时原为李渤兄弟隐居读书处。南唐升元年间，白鹿洞正式辟为书馆，称"庐山国学"。宋仁宗五年（1038），改称"白鹿洞之书堂"，与当时的岳麓书院、应天府书院、嵩阳书院并为"四大书院"，并誉为我国四大书院之首。北宋末年，金兵南下，书院遭到毁坏。至南宋淳熙六年（1179），朱熹出任南康太守时，重建书院，亲自讲学，确定了书院的办学规条和宗旨。淳熙八年（1181），陆象山也来到白鹿洞书院讲学，朱熹、陆象山又有"白鹿洞之会"，书院也因之而闻名天下，成为宋末至清初数百年中国一个重要文化摇篮。《白鹿洞书院教条》不但体现了朱熹以"格物、致知、诚意、正心、修身、齐家、治国、平天下"等一套儒家经典为基础的教育思想，而且成为南宋以后中国封建社会七百年书院办学的样式，也是教育史上最早的

白鹿洞书院

教育规章制度之一。中华人民共和国成立后，经及时抢救修缮，古老的书院才又焕然一新。现在，白鹿洞书院已形成集文物管理、教学、学术研究、旅游接待、林园建设五位一体的综合管理体制。

岳麓书院，始建于北宋开宝九年（976），潭州太守朱洞在僧人办学的基础上，正式创立岳麓书院。大中祥符（1008—1017）年间，在周式执掌下，岳麓书院成为天下四大书院之一，进入了北宋的鼎盛时期。两宋之交，岳麓书院遭战火洗劫，乾道元年（1165）湖南安抚使知潭州刘珙重建岳麓书院，延聘著

岳麓书院

名理学家张栻主教岳麓。乾道三年（1167），朱熹来访，与张栻论学，举行了历史上有名的"朱张会讲"。前来听讲者络绎不绝，时人描绘"一时舆马之众，饮池水立涸"。这次会讲推动了宋代理学和中国古代哲学的发展，是中国

古代文化史上的一件盛事。二十七年之后，朱熹任湖南安抚使，再次来到潭州，重整岳麓书院，颁行《朱子书院教条》，岳麓书院再次进入到繁盛时期。嗣后，历经元、明、清各代，至清末光绪二十九年（1903）改为湖南高等学堂，而后相继改为湖南高等师范学校、湖南工业专门学校，1926年正式定名为湖南大学。

嵩阳书院，初建于北魏孝文帝太和八年（484），名为嵩阳寺，为佛教活动场所。隋炀帝大业年间（605—618），更名为嵩阳观，为道教活动场所。宋仁宗景祐二年（1035），名为嵩阳书院，以后一直是历代名人讲授经典的教育场所。据记载，先后在嵩阳书院讲学的有范仲淹、司马光、程颢、程颐、杨时、朱熹、李纲、范纯仁等二十四人，司马光的巨著《资治通鉴》第九卷至二十一卷就是在嵩阳书院和崇福宫完成的。嵩山书院为宋代理学的发源地之一，北宋影响最大的书院之一。

嵩阳书院

第二章 **绝胜烟柳**

一场由皇帝领导的造园运动

北宋的杨柳染绿了初春的汴梁，也拂软了观画人的心。

杨柳总是让人多愁善感，那个奉旨填词的柳三变，到底是在哪一片"杨柳岸"，与心爱的人"执手相看泪眼，竟无语凝噎"？寻寻觅觅，折柳相送的人已远去，空留这晓风残月。

但初春的杨柳又总是生机勃勃，是它最早打破冬日的枯寂，为无色的城市点染上第一抹淡绿，就是这一抹如烟的新绿，晕染，荡漾，复苏了沉睡的城市，复苏了沉寂的心灵。城市喧闹了起来，画里一千年前的汴梁，"舞低杨柳楼心月，歌尽桃花扇影风"的汴梁，繁华得令人神往。

繁华总会伴随着建设，而城市建设的成就，除规模的扩张之外，另一个衡量标准当是宫苑、园林、寺观以及风景名胜的建设了。世上最有资本造园林的人，自然是非皇帝莫属，而《清明上河图》时代的皇帝又恰好是一个痴迷于造园的皇帝，

▶柳永（约987—约1053），北宋著名词人，婉约派创始人。原名三变，字景庄，后改名永，字耆卿，因排行第七，又称柳七。

柳永中了科举，因《鹤冲天》中"忍把浮名，换了浅斟低唱"一句，惹恼了皇帝宋仁宗，笑骂："此人好去'浅斟低唱'，何要'浮名'？且填词去。"将其名字从榜单中抹去，此后柳永自称"奉旨填词柳三变"，更加不拘形迹，放浪形骸，流连于烟花巷陌，为教坊乐工和歌妓填写了大量的词作，流传甚广，"凡有井水饮处，即能歌柳词。"

▶引自晏几道《鹧鸪天》。这虽然是一首抒写作者与一歌女初盟、别离、重逢的爱情三部曲，但从其上阕"彩袖殷勤捧玉钟，当年拼却醉颜红。舞低杨柳楼心月，歌尽桃花扇影风"的追忆之中，也让我们间接感受到了当年霓裳美酒、竟夜歌舞、通宵欢宴、歌舞升平的浪漫与奢靡的生活场景。

晏几道，字叔原，号小山，北宋著名词人，著《小山词》，存词二百六十首，词风浓挚深婉，工于言情，与其父晏殊齐名，世称"二晏"。

清明上河图（部分）满城烟柳　（宋）张择端

痴迷到因园而民怨沸腾，因园而亡国的地步！在这样一个荒淫无度、上行下效的国度里，自然是你忙我忙，"百亭千榭，林间水滨""百里之内，并无闲地"——一场由皇帝领导的造园运动，就这样浩浩汤汤地在汴城内外开始了。有人统计说，汴梁的苑囿名胜有一百五十余处之多，寺观庙院亦不下一百三十余处。数据的真伪已经无须去争论，这画里的一城烟柳便是证明。

"独不能为君"的"轻佻皇帝"赵佶，除了做皇上不成功之外，琴棋书画样样精通，尤其擅长书法和绘画，自创了瘦金体书法和生漆点睛花鸟画法，在中国书画史上占有重要的一席之地，堪称书画名家。但其在政治方面却是昏庸无能，"疏斥正士，狎近奸谀"，将有责任心和使命感的元祐党人驱逐出朝廷，却重用蔡京、童贯、王黼、梁师成、李邦彦、朱勔六贼。

▶ 大宋哲宗皇帝病逝后，向太后不顾宰相章惇依礼律当立哲宗同母弟简王赵似，或依年长立申王赵佖的主张，而是在曾布、蔡卞等人支持下，坚持立端王赵佶为帝。章惇脱口而出："端王轻佻，不可以君天下！"

赵佶在位期间，重用蔡京、童贯等奸臣主持朝政，大肆搜刮民财，穷奢极侈，荒淫无度。但是在诗词书画各方面都达到了一定的艺术高度，可以说，赵佶是历史上唯一真正拥有较高的艺术涵养和绘画才能，并真正称得上画家的皇帝。元代脱脱撰《宋史》的《徽宗纪》，掷笔叹曰："宋徽宗诸事皆能，独不能为君耳！"

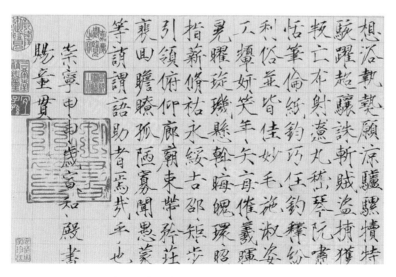

楷书千字文卷（部分）　（宋）赵佶

▶ 蔡京的长子蔡攸曾经向宋徽宗建议："所谓人主，当以四海为家，太平为娱，岁月能几何，岂可徒自劳苦！"皇帝觉得他说得非常在理，便命仿照江浙一带灰墙白瓦的建筑形式大修苑囿，也不饰粉彩，就像村居野店一样，园内豢养着从全国乃至世界各地供奉和搜刮来的成千上万的珍禽异兽，以供皇帝游娱行乐。蔡京也数次劝皇帝说：我们国库现在存着五千万的金钱，足够您享乐了！他想拿豪华的宫室来讨好皇上，刚好皇上也正不满于他的游乐之所——延福宫的狭小，于是蔡京便召集童贯、杨戬、贾详、何䜣、蓝从熙五位太监重建延福宫。五个人各自负责监修一部分，为了献媚邀功于皇上，五个人可谓绞尽脑汁，各显神通，你比我的奢侈华丽，我就比你的更高大巍峨，建成之后，自然成为五个豪奢绮丽、各具特色的区，号称'延福五位'，其总体规模只比宫城略小。营建延福宫，是徽宗朝大兴土木的开始。

在贼相蔡京等众人的蛊惑撺掇下，竭国力而经营园林，为了满足其奇花异石、珍禽异兽的喜好而不惜一切代价搜罗毕至。

投其所好，公元1113年，童贯、杨戬、贾详、何䜣、蓝从熙五人开始分工兴造延福宫，宣布了徽宗朝大兴土木的开始。

芙蓉锦鸡图 （宋）赵佶

一、艮岳行云

东京的皇家园林，大内御苑共有后苑、延福宫和艮岳三处。行宫御苑有城内的景华苑，城外的琼林苑、宜春园、玉津园、瑞圣园、牧苑等。其中比较著名的，除了延福宫和艮岳，琼林苑、玉津园、金明池、宜春苑被称作东京四苑。对宫苑建设痴迷到疯狂地步的北宋皇帝，当属徽宗赵佶无疑。

徽宗信奉道教，林灵素第一次跟他见面的时候就说看徽宗面熟，还煞有介事地说徽宗在天上是神霄帝君，他则是侍

候帝君的神霄计
吏。既然这样，那
么你不得继续侍候
在我左右啊？因
此，林灵素得以留
在皇帝身边，徽宗
也开始自封为"神
霄帝君"。有一天
又来了一个叫王老
志的道人，用了几
乎一模一样的办法
换得了徽宗好几
车金银细软的奖

北宋东京城平面示意及主要宫苑分布图

▶ 林灵素（1075—1119），
原名灵噩，字通叟，北宋末
著名道士，少时曾为苏东坡
书僮。宋徽宗赐号通真达灵
先生，加号元妙先生、金门
羽客。曾注《老子》，著有
《释经诋诬道教议》一卷，
《归正议》九卷。

赏。他先广做宣传说自己是汉钟离的弟子，引起了徽宗的兴
趣，便召来想看看到底是怎么一回事。谁知王老志一见徽宗
面上前便问："官家还记得老臣吗？"这下给徽宗出了个难题：
你不是自诩神霄帝君么，若不认识汉钟离的弟子，那岂不等
于承认自己是冒牌货？

后来又来了一个更加神通广大的道士，叫刘混康，据说
是茅山第二十五代宗师，这人一来，竟彻底改变了大宋朝发
展的方向。原来，徽宗登基之后，子嗣一直不是很旺盛，这
个刘混康道士便向皇帝进言说：要想多子多寿，需在京城内
筑山。听信道士所言，于政和七年（1117），徽宗命令"户部
侍郎孟揆于上清宝箓宫之东筑山象余杭之凤凰山，号曰万岁
山"，山在城东北，在八卦中属于艮位，后便改名为艮岳。在

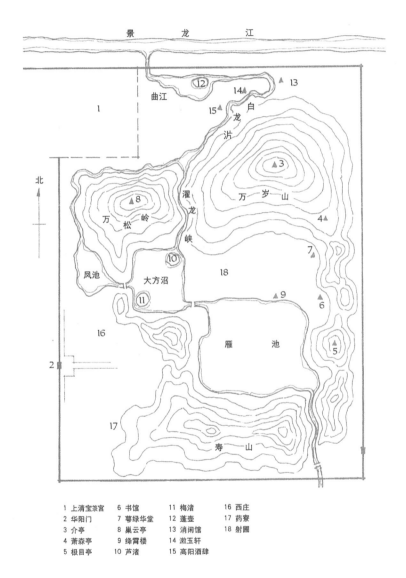

景　龙　江

曲江

1

北

万　松　岭　8

凤池

大方沼

10

11

16

2

17

濯龙峡

白龙沂

14　13

15

万　岁　山　3

4

7

18

9　6

雁　池

5

寿　山

1　上清宝箓宫　　6　书馆　　　11　梅渚　　　16　西庄
2　华阳门　　　　7　萼绿华堂　12　蓬壶　　　17　药寮
3　介亭　　　　　8　巢云亭　　13　消闲馆　　18　射圃
4　萧森亭　　　　9　绛霄楼　　14　漱玉轩
5　极目亭　　　10　芦渚　　　15　高阳酒肆

艮岳平面设想图

艺术的造诣方面，大玩家宋徽宗似乎比神学家刘道士更有发言权，一个更加宏伟的蓝图渐渐地在他的规划中成型：只是堆一座山未免也太没劲些，何不在此基础之上再凿池引水，广种奇花异草，广建亭台楼榭，为自己再添一座更好玩的大内御苑？既然要玩嘛，何不玩个痛快！自此，徽宗带着北宋王朝，彻底走上了一条不归路。

在朱勔惨绝人寰地巧取豪夺下，代号"花石纲"的船队源源不断地将奇珍异卉、飞禽走兽、巨石奇峰从江南沿汴河运进东京，艮岳也随之一天天地完善了起来，五年之后（宣和四年，1122 年）终得以建成。园门的匾额题名为"华阳"，故又名"华阳宫"。

关于这座园林的文献史料记载，除宋徽宗亲自撰写的《艮岳记》外，还有祖秀的《华阳宫记》，李质、曹组的《艮岳百咏诗》，另外《枫窗小牍》《历代宅京记》和《宋史·地理志》等也有片段记载。综合这些资料，我们可以大概还原艮岳的概貌。

艮岳占地约七百五十亩，整体布局可以用山环水抱来形容。北面是主山万岁山，模仿杭州凤凰山的山形而建，主峰高达一百五十米，是全园制高点，上建有介亭，可以俯瞰全园。与主峰相对的，在园的南面是次山寿山，又名南山，山形为两峰并峙，山上有嶰嶰亭，与万岁山遥相呼应，成对景之势。南山之外又有小山，横亘二里，曰芙蓉城，穷极巧妙。万岁山东部是东南二岭，向南绵延直接南山，西边隔着溪涧是侧岭万松岭，呈众山拱伏之状。岭下平地开凿大方沼，水汇自凤池，向东流入寿山脚下的雁池。园内之水引自于园北部的景龙江，沿

▶ 朱 勔（1075—1126）：江苏苏州人，善于莳花植木，堆山造园，号称"花园子"。蔡京见徽宗喜好奇花异石，让朱勔与其父"秘取浙中珍异以进"，不久，朱勔即将三株奇异的黄杨运进宫苑。后童贯安排朱勔全权负责苏州"应奉局"，专门搜求奇花异石，用船从淮河、汴河运入汴京，号称"花石纲"。

十咏图卷　（宋）张先

着万岁山西部入园，又绕万松岭一周，分别注入凤池和大方沼，又经雁池由东南角流出园外。这些大概构成了艮岳的山水格局，其余亭台楼阁、珍禽异兽、奇花异卉则罗列其中，不可胜计。

一座园林，或者多一些山水的成分，或者偏重于植物栽培、禽鸟饲养，或者侧重于建筑的营造，但在一般情况下无非总是土地、水体、植物和建筑此四者的综合。

艮岳在此四方面的艺术造诣，皆超越了前朝，在中国古典园林发展史上具有划时代的意义。尤其是在地形的塑造和山体的堆筑方面，能够把自然界中的山岳景观加以高度概括、提炼，用象征性的手法缩移摹写，将余杭凤凰山的景致完整再现到汴梁城东南的一片平地之上，展现了"移天缩地在君怀"之气概及登峰造极之造园技艺。万岁山是先以土堆筑，后来朱勔送来了第一批高大俏美的太湖石立于万岁山上，深得徽宗喜爱，此后运花石的大船便首尾相接，络绎不绝，于是土山慢慢变成了土石山，艮岳内的山林岩壑便日益高深了起来，到处都是奇石景观，就连山上道路亦是"斩石开径，凭险则设磴道，飞空则架栈阁"，"山绝路隔，继之以木栈，倚石排空，周环曲折，有蜀道之难"。虽是一片人工堆叠的假山,却达到了"虽由人作,宛自天开"的最高艺术境界。宋徽宗在《艮岳记》里对其是毫不吝啬赞美之辞。

艮岳内水景观的营造是极尽模拟自然之能事。水自西北入园,东南出园,在园内形成一完整水系,或聚成溪流,或散成湖池,遇山则飞流成瀑,山脚积潭,幽谷为涧,展现了大自然中水的多种天然形态。水随山转,山因水活,山与水浑然天成的配合亦显示了筑园艺术与技术的高超。

园内植物繁茂,品种众多,不乏从全国各地采集的名贵花木,还有大量从江南引种驯化的植物,如枇杷、橙、柚、柑橘、荔枝、素馨、茉莉等。园内的许多景点都是以大片栽植的植物而命名的,如万松岭、梅岭、杏岫、丁嶂、椒崖、龙柏坡、斑竹麓等,以欣赏植物为主,景致极其天然。

林间还放养着各种各样的奇禽异兽。赵佶除了喜欢画画、书法和女人之外,还喜欢驯养禽兽。那些深知皇帝这个"雅好"的,都争先恐后地把各地鸟兽挑最珍贵的拿来敬献谄媚,于是,四方珍禽异兽齐聚艮岳,苑内仅珍禽就有数万之多,麋鹿有数千头,其他兽类更是不计其数。有一个叫薛翁的人毛遂自荐来艮岳训鸟,成千

白鹰阁 (宋)赵佶(传)

▶ 藉田，天子象征性的亲自耕种的田地，其实是征用民力耕种的田地，天子和诸侯只不过每逢春耕前驾临藉田躬耕，以传达重农劝农的思想，表示对农业的重视。藉田始于周，后历代相承。以农立国，是中国古代历朝的基本国策；重农劝农，也随即成为不少皇帝日常工作的重要组成部分。

上万只鸟能在宋徽宗游兴时列队接驾，谓之"万岁山瑞禽迎驾"，薛翁因此还当了大官。

园中还有两个小园，"药寮"是种植草药的园子，"西庄"种植禾麦菽黍等庄稼，也是皇帝用来劝耕的藉田，园内建筑仿造农家建筑而建，使足不出皇宫，便能见田园农舍的乡野风光。

至于建筑，见诸文献记载的大约有四十处，建筑形式有亭、轩、馆、堂、楼、关、阁、庵、台、宫、门、厅、斋和茅舍村屋等，几乎包罗了当时建筑的全部形式。艮岳内的建筑没有之前皇家园林的朝会、仪典、居住等功能，多是为造景之需，主要发挥装点景观和驻足观赏的作用。山顶等制高点和岛上多建亭，水畔多建台、榭，山坡和平地多建楼阁，这些处理建筑与环境关系

负郭村居图　（清）吴宏

明皇避暑宫图　（宋）郭忠恕（传）　　　　青绿山水　（宋）赵伯驹

的手法，直到今日都还在应用。此外还有道观、庵庙、田园农舍和高阳酒肆，将宋代建筑艺术成就表现得淋漓尽致。总体来说，建筑点缀在整个园内，并没有大规模的建筑群和宫殿，建筑与山水环境是融糅关系，建筑仿佛是从环境中生长出来的，和谐、自然，顺从于环境而不凌驾环境，不强调建筑，因而整个园林呈现的是以"放怀适情，游心赏玩"为目的的自然山水之景，这一点有别于之前皇家园林追求建筑群、宫殿的高大、宏伟、绮丽与皇家气势

▶ 太湖石，中国古代著名的四大玩石、奇石之一（英石、太湖石、灵璧石、黄蜡石），因盛产出于太湖地区而古今闻名，又名窟窿石、假山石，是由石灰岩遭到长时间侵蚀后慢慢形成的，分水石和干石两种。据《清异录》载：五代后晋时代开始有人玩赏，到唐代开始特别盛行。灵璧石，也称磬石、八音石，隶属玉石类的变质岩，产于安徽省灵璧县磬云山，是我国传统的观赏石之一，早在战国时期就已作为贡品了。其主要特征可概括为"三奇、五怪"，三奇即色奇、声奇、质奇，五怪即瘦、透、漏、皱、丑。

▶ 米芾（1051—1107），字元章，号襄阳漫士、海岳外史、鹿门居士。北宋书法家、画家、书画理论家。个性怪异，举止癫狂，遇石称"兄"，膜拜不已，人称"米颠"。徽宗诏为书画学博士，人称"米南宫"。
创立太湖石赏石理论，"瘦"是指观赏石体态纤瘦，形状怪异；石体挺拔，线条清晰。"漏"是指观赏石体态玲珑，溶洞贯通；石体嶙峋，连环透空。"皱"是指观赏石体态起伏，时隐时现；石体凹凸，线条若明若暗。"透"是指观赏石体玲珑剔透，表里如一；体态纹理纵横；石质细腻洁净；石色斑斓，光泽夺目。

的审美情趣。

艮岳的另一显著成就是对于石头，尤其是太湖石和灵璧石的应用和鉴赏。

赏石品石之风在北宋极其兴盛，并首次建立了完整的赏石理论，著名的代表人物如苏轼、米芾。米芾从对太湖石的赏玩之中创立了"瘦、漏、皱、透"的赏石理论，苏轼从灵璧石的赏玩之中创立了"石文而丑"的赏石理论，一"丑"传神，道出了"美"石之神韵，再无别字可替代。

经花石纲运来的石头可谓是各个精挑细选，各具姿态，因此，艮岳内便出现了大量的单个石头的"特置"景观，用以展现石头的个体美。华阳门内，便是一个太湖石的特置区，布列着百余株峰石，包括其他水池、山坡、轩馆厅堂前棋列星布的峰石，宋徽宗根据其姿态神韵，对每一株峰石都赐予了命名，如朝日升龙、万寿老松、栖霞扪参，衔日吐月、翔鳞、宿雾、藏烟、滴翠等不一而足，展现了他在造园中追逐文雅和意境的趣味。不独是赐名，"其大峰特秀者，不特封侯，或赐金带，且各图为谱"。给石头赐爵封侯，绶金带，摹绘石谱，宋徽宗的把玩石头，带着皇家之霸气，也算是玩到极致了。

比之前朝皇家园林动辄周匝百十公里而言，周长仅约六里的艮岳确实是少了很多的皇家气派，其叠山、置石、理水、花木、建筑的完美组合，突破了秦汉以来宫苑"一池三山"的规范，规划更趋于清新、精致、细腻，审美情趣更多转向文人的诗情画意，而让皇家园林呈现出文人园林的特点，它代表着宋代皇家园林的风格特征和宫廷造园艺术的最高水平，在中国园林史上是一大转折点。

岁朝图轴　（宋）赵昌

▶ 置石：以石材或仿石材布置成自然露岩景观的造景手法。置石的方式可分为特置、对置、群置、散置等四种类型。

特置，又称孤置，多以整块体量巨大、造型奇特和质地、色彩特殊的石材作成，称孤赏石。对置，把岩石在门庭、路口、道路两侧以及桥头等处做对应布置，以陪衬环境，丰富景色。并非对称布置，在数量、体量以及形态上均无须对等。群置，应用多数山石互相搭配点置，石块成群堆置的手法。散置，又称散点，即"攒三聚五"的做法。常用于布置内庭或散点于山坡上作为护坡，多野致。

▶ "一池三山"源于"神仙思想"，三山指神话中东海里的蓬莱、方丈、瀛洲三座仙山，是有长生不老之药的仙人居住的地方。据传秦始皇就曾派徐福带领千名童男童女入海寻找三山，以取得长生不老药。无果，便退而求其次，在上林苑中挖太液池象征东海，池中建蓬莱、方丈、瀛洲三仙山。这也是有记载的最早在园林里出现的"一池三山"模式，成为后世宫苑中池山典范。

　　之所以开篇我们就把目光锁在了文人园林而非皇家园林，也是基于这个现实：在北宋，文人园林已经成了造园的主流，其风格影响及于皇家园林。在艮岳较多呈现了文人气质而较少皇家气派这一点上，还得归功于宋徽宗，喜欢书法绘画，喜欢与文人墨客往来的他，用文人的审美情趣去建造园林的他，如果没有做皇帝，关于他的历史也许就不会是个悲剧。

　　皇家园林除了游娱功能之外，还有一功能顺带说一下，跟前面曾经提到的"藉田"有关。

　　在《清明上河图》郊野与汴河风光交接的地方，有一大片畦垄齐整的田地，好多人推测这是一片菜地。北宋的时候各部门各单位开地种菜卖菜成风，以至到宋英宗时不得不颁令明确要求：诸处官员廨宇不得种植蔬菜出卖。但似乎并没有制止住这一风气，据记载，1097年，深州通判胡汲到任后的第一件事，便是带领众衙役开垦出了一千六百多畦菜园子。《水浒传》里花和尚鲁智深从五台山来到东京后的差事，就是给大相国寺看菜园子。但从这块地旁边有高台观亭，远处依稀似乎还有园墙建筑而言，我感觉这更像是一处园林。

　　皇家园林从诞生之日起便兼有着生产功能，只不过这功能逐渐消退被游

清明上河图（部分）菜畦　（宋）张择端

娱功能取代，到宋的时候，几乎就消失殆尽了。但在玉津园里，苑囿与农桑结合的特点依然存在。玉津园占地约七百五十亩，大概分为四个区域：亭榭园林区域、动物豢养区域、骑射校场区域和农业藉田区域，农业区几乎占据了空旷地段的一半用来种麦，这里是皇帝劝耕之地，据史料记载，宋太宗曾三十三次临幸玉津园。只是后来日渐荒芜，苏轼有《游玉津园》诗，该是对苑囿荒芜的惋惜和帝王不再藉田劝耕的哀叹吧。

> 承平苑囿杂耕桑，六圣勤民计虑长。
> 碧水东流还旧派，紫坛南峙表连冈。
> 不逢迟日莺花乱，空想疏林雪月光。
> 千亩何时躬帝籍，斜阳寂历锁云庄。

二、相国霜钟

如果你够仔细去看这图画，你会发现，张择端作《清明上河图》，可谓是匠心独运，单就画里这五百多个人物，无论是跻身闹市，还是身在船上，抑或酒肆茶楼，甚至哪怕是即将走出画面的一个遥远的背影，似乎都可以让你感觉到，他们每一个人都有强烈的存在感，都有各自不同的故事在等着你去发现，他们共同组成了北宋全方位的社会，每一个人都是那么的不可或缺。

东水门内外，车水马龙。这里是城里城外的交界点，熙来攘往的车马，站在桥上看风景的人群，街边摊店红火的生意，毫不掩饰地渲染着这俗世的热闹。但就在这热闹的不远处，却有一个孑孓独行的身影，正穿过这繁华，走向一扇清净的大门。那是一个身披袈裟的僧人，庙宇就隐在河之阳岸茂密的杨柳丛后边，离尘世很近，但尘世所有的热闹在这里似乎都已经被抛在了身后那个咫尺但却遥远的世界。仅仅几步，走到这里已不自觉地走进了"鸟

清明上河图（部分）形形色色的人物　　（宋）张择端

清明上河图（部分）寺庙　　（宋）张择端

宿池边树，僧敲月下门"的安然境界。

　　张择端运用对比手法的造诣可谓是炉火纯青，且不说整幅图"疏可跑马、密不透风"的布局，但只说这寺庙与闹市的转折，不过几步之遥的距离，却刻画出了两个截然不同的世界，闹市的喧嚣，愈加衬托出了寺庙的清静，"蝉噪林逾静，鸟鸣山更幽"之禅意就这样跃然于纸上。

　　在中国传统文化强大的包容力和融合力之下，东汉时期传入中国的佛教很快就融入了中国的世俗生活之中而从一开始便向着世俗化的方向演变，历经了魏晋时期的大发展，到南朝时，俨然已经"南朝四百八十寺，多少楼台烟雨中"，寺庙的建筑，已经与城市的市肆街巷浑然一体，成了城市不可分割的一部分。到宋朝时，开国皇帝赵匡胤采取了保存佛教的政策，停止了周世宗毁废佛寺的举措，使佛教得以保全并稳定发展。太宗即位后，更加重视佛教巩固皇权、稳定时局的政治作用，也采取了保存甚至崇奉佛教的态度。其后的几代皇帝，不管是崇奉多些还是限制多些，基本上都延续了这一保存政策，到真宗时，全国寺院已经多达四万所，东京城内则多达一百三十余所。但从整体发展脉络来看，佛教文化在经历了唐代的繁荣之后，至宋已经开始逐渐走向衰微，天台宗、律宗、贤首宗、慈恩宗等虽还在传播，但都失去了唐代的发展势头。佛教文化到了宋代出现儒、道、释三教合流的发展局面，佛教中融入了儒学"修齐治平"的思想而把传统佛教最为抽象的本体的"心"变成更为具体、现实之"人心"，更加关注世俗的伦理道德，这种着重实践的倾向使得适应这种儒化佛教的禅宗、净土宗得到发展，成为主要流派。

▶ "寺"，原是一种国家机构。《说文》解释其为"廷也"，即指宫廷的侍卫人员，以后寺人的官署亦即称之为"寺"，如"大理寺""太常寺"等。西汉建立"三公九卿"制，三公的官署称为"府"，九卿的官署称之"寺"，即所谓的"三府九寺"。九卿中有鸿胪卿，职掌布达皇命，应对宾客，其官署即"鸿胪寺"，大致相当于后来的礼宾司。相传东汉明帝时，天竺僧人以白马驮经东来，最初住在洛阳"鸿胪寺"，即是后来的"白马寺"。此后寺就成了僧人住所的通称。梵语中，"寺"叫僧伽蓝摩，意思是"僧众所住的园林"。隋唐以后，寺作为官署越来越少，而逐步成为中国佛教建筑的专用名词。

▶ 修齐治平：修身、齐家、治国、平天下。指提高自身修为，管理好家庭，治理好国家，安抚天下百姓苍生的抱负，泛指伦理哲学和政治理论。

▶佛印禅师（1032—1098），宋代云门宗僧，法名了元，字觉老，苏东坡方外之交。佛印具有包容三教的气质，与纯粹的佛教僧人风格不同。日本学者阿部肇一在《中国禅宗史》中这样描述："与其说佛印是佛教僧侣，不如视之为道家者流。而其儒学思想亦能与释、道二者相合……由他过往的经历来看，令人不期而然会联想到其特异的佛教观。他虽然继承开先善暹的法统，可是其行动与思考却具有强烈的世俗意识。他经常参加酒宴而高谈阔论。所结交的朋友，僧人方面反而较少，倒是与士大夫官僚之辈常相往来。"佛印与苏东坡过从甚密，两人唱和应酬文字很多，既有插诨打科、互相取笑，又有诗词唱和、语录问答，读他们的故事，能够让人在忍俊不禁中参悟到很多禅理。

禅宗倡导"佛性本自具足，三宝不假外求""顿悟成佛"，不禁让我们想起一个故事，说的是北宋著名学者苏轼、高僧佛印以及传说中的聪明绝顶的苏小妹禅悟的故事。苏轼和佛印经常一起参禅、打坐，有一天两人打坐的时候苏轼问佛印：你看我像什么啊？佛印说：我看你像尊佛。苏轼听后大笑，对佛印说：你知道我看你坐在那儿像什么？就活像一摊牛粪。吃了哑巴亏的佛印

晴峦萧寺图　（宋）李成（传）

却微笑不语，占了便宜的苏轼回家忍不住对苏小妹炫耀。谁知苏小妹却冷笑着对哥哥说：就你这个悟性还参禅呢，你知道参禅的人最讲究的是什么？是见心见性，心中有眼中就有。佛印说看你像尊佛，那说明他心中有尊佛，他自己就是佛；

禅机图短简寒山拾得图 （元）因陀罗

你说佛印像牛粪，那说明你心里装的是什么呢？！

《尧山堂外纪》中有个故事，说佛印知道苏轼喜欢吃炖肉，在金山寺时，每当闻知苏轼要来，都事先炖好 大锅肉等候。有一天，炖好的一盆红烧肉却被人偷去不见了，苏轼因此还作诗一首："远公沽酒饮陶潜，佛印烧猪待子瞻。采得百花成蜜后，不知辛苦为谁甜？"诗固然是好诗，但让人诧异的是和尚烧肉这件事：没想到佛印狷介不羁，竟洒脱自在至此——竟然公然在佛寺这般庄严清净地里犯戒烧猪？然而还有比这件事更让人百思不得其解的：开封第一大皇家寺院——大相国寺里，竟然还有个烧猪院，而且还是京城闻名的猪肉加工点！掌勺的竟然还是位和尚！在商业发达的宋代，和尚做点买卖自然也无可厚非，但做的竟是杀生卖肉的买卖，这不能不让人瞠目结舌！及至了解到禅宗讲求的是"菩提本无树，明镜亦非台"，禅师们的修行已然达到了"要行便行，要坐便坐。钵盂里屙屎。净瓶中吐唾"的高度，甚至后期禅宗由不求佛祖到呵佛骂祖，甚至要"逢佛杀佛，逢祖杀祖"了，似乎有些恍然大悟："烹佛""烹祖"都无谓，况烧猪乎？不仅是"酒肉穿肠过"，佛祖也未必心中留。

宋朝的高僧多因本身具有非常高的文学造诣而喜欢结交文人士大夫，如经常和苏东坡一起游山逛水，诗酒风流的佛印禅师。有一年中秋夜，和苏轼及其宠妓琴操一起泛舟西湖，把酒赏月。酒至半酣，佛印乘兴夺过船夫手中竹篙，琴操见此，口占一联："和尚撑船，篙打湖心罗汉。"佛印稍加思索，对道："佳人汲水，绳牵井底观音。"随即又出一联："一位美

六祖像图　（明）丁云鹏

苏轼留带图轴　（明）崔子忠

人对月，人间天上两婵娟。"琴操沉吟片刻，对道："五百罗汉过江，岸畔波心千佛手。"真乃绝对！吃肉喝酒，唱和诗联，与美人雅士乘游，宋朝佛教"不拘外在，见心见性"的教义发展，真的已经到了登峰造极之境界。甚至在东京最著名的寺院大相国寺里，还流传着一段"酒色财气诗"的千古佳话。有一次苏轼去大相国寺探望佛印和尚，在他的禅房粉墙上见到佛印的题诗一首，诗云："酒色财气四堵墙，人人都在里边藏；谁能跳出圈外头，不活百岁寿也长。"东坡见诗颇有哲理，但又觉四大皆空，禅味太浓，便在其旁和诗一首："饮酒不醉是英豪，恋色不迷最为高；不义之财不可取，有气不生气自消。"故事到这里还没有完。改天宋神宗赵顼在王安石的陪同下，亦来到大相国寺闲逛，看到两人题诗，忍不住诗兴大发，各和一首其后。王安石："无酒不成礼仪，无色路断人稀；无财民不奋发，无气国无生机。"巧妙地将酒色财气与国家社稷、人民生计结合起来，不脱政治家本色。宋神宗诗云："酒助礼乐社稷康，色育生灵重纲常；财足粮丰家国盛，气凝太极定阴阳。"一听就是皇帝的口气。

像佛印这样的才僧不在少数。北宋初年，便有九位以诗著名的僧人，著有《九僧诗集》，位居九僧之首的，是专精五律的惠崇和尚。李顾的《古今诗

▶ 北宋九僧，宋初惠崇、希
昼、保暹、文兆、行肇、简
长、惟凤、宇昭、怀古等九
人的并称。诗歌创作有着共
同的风格，是宋初"晚唐体"
的主流，继承了贾岛、姚合
反复推敲的苦吟精神，内容
多为描绘深邃幽静的自然小
景和隐逸闲趣，专精五律，
专工写景。着力写景，也是
他们习佛的结果。诗篇意境
含蓄空灵，清幽淡远，禅意
浓郁，结集为《九僧诗集》。

▶ 郭若虚，宋代太原人，著
名的画家、书画鉴赏家和画
史评论家，《图画见闻志》
的著作者。这部引述画史、
画论多达三十余部的著作以
六卷的篇幅，通过史论、画
传、画事三大部分，按照社
会地位的高低，记载了唐、
五代、宋、辽二百八十四位
画家的生平事迹。与张彦远
的《历代名画记》前后相接，
被视为其续篇，一道构成了
一部完整的中国绘画通史。

话》记载了他的一则逸事。宰相寇准请惠崇到自家花园赛诗，抓阄分题。惠崇拈得"池上鹭月"的题目，于是绕行池径，苦心思索，忽然用两指指向天空，微笑着说："已得之，已得之，此诗功在明字，凡五押之不倒，今得之。"所得佳句便是"照水千寻迥，栖烟一点明"（《咏池露》）。此外还有"河冰坚度马，塞雪密藏雕""禽寒石动竹，露重忽翻荷""露下牛羊静，河明桑柘空"等吟咏自然、田园之佳句，淡而真，给人以清新脱俗的美感。

惠崇还是一位造诣颇高的画家，他"工画鹅雁鹭鸶，尤工小景，善为寒汀远渚、潇洒虚旷之象，人所难到也"（北宋郭若虚语）。我们所熟知的苏轼那首《惠崇春江晚景》："竹外桃花三两枝，春江水暖鸭先知。蒌蒿满地芦芽短，正是河豚欲上时。"正是为惠崇的著名画作《春江晚景图》所题，如今画已失传，诗却得以流传千古。

由此可见，发展到北宋的佛教，在北宋的文化大繁荣中不断地兑变而具有了儒化、世俗化、文人化的特征，在这些文

沙汀烟树图　（宋）惠崇

化特征的影响之下，其寺庙园林的经营又会呈现怎样的特色呢？

　　史书上多有"舍宅为寺"的记载，可知佛教一来到中国便向着世俗化的方向发展，使得宗教建筑与世俗建筑从一开始就没有出现根本性的差异。就佛寺建筑形制而言，无非宫殿和民宅的综合，它们并不表现超人性的宗教狂迷，反之却通过世俗建筑与园林化的相辅相成而更多地追求人间的赏心悦目、恬适宁静。佛教经过魏晋南北朝的发展到唐代达到兴盛局面，寺庙拥有土地、经营工商业的丛林经济发达，寺观的建筑制度也已趋于完善。大的寺观往往是连宇成片的庞大建筑群，包括殿堂、寝膳、客房、园林四部分功能分区，田产之丰厚，连唐人都惊呼"凡京畿上田美产，多归浮图"，到了宋朝，随着商品经济的高度发展，丛林经济已不仅仅以田产为主题，还开始了大肆发展商业，甚至工业。

　　北宋最负盛名的相国寺，始建于北齐天保六年（555），初名"建国寺"，到唐延和元年改为相国寺。赵匡胤当上皇上不久，去相国寺佛前上香，又不想屈尊下拜，便把这个难题转嫁给寺里的和尚，问：我还用拜吗？正在和尚们面面相觑，不知道说拜还是不拜的时候，小和尚赞宁站出来回答：不用拜！老赵问为什么，赞宁的回答相当的机智而又富有哲理，说：现在佛不拜

梵林图卷　（明）项元汴

过去佛！把赵匡胤捧得这个美呀，马上将相国寺升格为了皇家寺院，并赋予其为国开堂的特权，自此相国寺进入了最鼎盛的时期。宋太宗至道二年（996），重建相国寺三道门，太宗皇帝亲笔题额为"大相国寺"。作为宋代都城最大佛寺，几代皇帝都对其大兴土木，增修寺院，终于使其成为中外闻名的最大的佛教活动中心。占地五百四十多亩，分为六十四禅院，僧房栉比，殿宇高大，庭院开敞，壮丽绝伦，有"大相国寺天下雄"之美誉，就连从五台山来的花和尚鲁智深见了都不由得赞叹："端的好大一座大刹！"

除了进行佛事活动，由于长期浸润在宋时世俗文化和商业极度繁荣的时代中，其宗教意味被最大限度地消解了，相国寺已不再是单纯礼佛朝圣的宗教圣地，更还担负着全民公共活动中心的功能。

正月十五元宵灯会、四月八日浴佛会、九月九日菊花节、十月十日天宁

开封大相国寺藏经楼照片

节徽宗生日斋筵、十二月浴佛会，除了这些固定经典保留项目之外，相国寺最著名的活动当属每月开放五次的"万姓交易大会"，百姓可以在寺内外进行各种各样的商品贸易，什么珍禽异兽、家具什物、饮食茶果、书画文教用品等一应俱全。而相国寺本身亦经营着多种买卖和如烧猪院之类的餐饮业，甚至还承办红白筵宴。《燕翼贻谋录》中有一段记载："僧房散处，而中庭两庑可容纳万人，凡商旅交易皆荟萃其中。"看来当时大相国寺大体上已经成了自由市场，而香火却倒在其次了。

关于寺庙园林建设状况，相国寺在唐初曾为郑王府花园，可见其具有私家园林的基础。《东京梦华录》中可见"榴花院落，时闻求友之莺；细柳亭轩，乍见引雏之燕""四时花木、繁盛可观""夹岸垂柳，菰蒲莲荷，凫雁游泳其间，桥亭台榭，棋布相峙"等描述，其与私家园林并无二致。《洛阳伽蓝记》所记载的北朝洛阳的六十六所佛寺园林中，大部分都提到园林及其庭院绿化和寺院园林化情形。寺院之擅长山池花木，不亚于私家园林，其内容与后者也没多大差异。而《洛阳名园记》中记载的唯一一处寺观园林是天王院花园子，是一个以花盛名的园林，园中除了几十万株牡丹，并没有其他池亭馆榭。从其序中所言："僧坊以清净化度群品，而乃斥余事，种植灌溉，夺造化之功，与王公大姓相轧。"可见，寺观园林也并无异于士大夫园林。

其实，这也正是北宋佛教世俗化、禅宗化、文人化的结果。兼具城市公共交往中心功能的寺院，要进行大量的世俗活动，其环境处理必然会把宗教的肃穆和人间的愉悦相结合考虑。由于文人经常到寺观与禅僧交往、唱和、赏花、品茶、禅

▶ 《洛阳伽蓝记》又称《伽蓝记》，成书于公元547年，北魏杨炫之所撰，共五卷，记述洛阳佛寺七十余处。以北魏佛教的盛衰为线索，以寺庙为纲维，先写立寺人、地理方位及建筑风格，再写相关人物、史事、传说、逸闻等。再现了北魏都城洛阳四十年间的政治大事、中外交通、人物传记、市井景象、民间习俗、传说轶闻，内容相当丰富，可以说是一部集历史、地理、佛教、佛寺建筑、城市规划、文学、民俗等于一身的历史和人物故事（出处、典故；有历史意义的事实）类笔记。该书文笔简洁清秀，叙事繁而不乱，骈中有散，颇具特色，故与郦道元《水经注》一起，被认为是北朝文学的双璧；又与《水注经》《齐民要术》合称北魏三大奇书。

歌曲《烟花易冷》，就是方文山、周杰伦以其为背景创作演绎的。那个凄美哀婉的爱情故事，就发生在杨炫之笔下那个盛极繁华后倾塌颓圮的北魏洛阳城中，伽蓝古寺外。

▶ 陈省华（939—1006），字善则，北宋阆州阆中人。他有三个儿子：长子陈尧叟、次子陈尧佐、三子陈尧咨，世称"三陈"，父子四人皆进士，故称一门四进士，陈省华的女婿傅尧俞是状元，又称陈门四状元。据说他的家规极严，有宾客来访陈省华，几个儿子都得垂首站立侍奉左右，俩状元一进士，都官至宰相、丞相了，在那毕恭毕敬地站着，谁还坐得住！弄得来客坐立不是，十分尴尬，只好赶紧告辞。欧阳修《卖油翁》中善射的陈康肃公就是他的三子陈尧咨。

悟，甚至长期借读其中，再加上僧侣自身诗画的修养，文人的诗画情趣必然会渗透影响到寺院园林的建设。孝宗在《赐僧守璋》诗中写道："古寺春山青更妍，长松修竹翠含烟。汲泉拟欲增茶兴，暂就僧房借榻眠。"从中可见寺庙的环境之美及其与世俗的交往功能。大文豪欧阳修曾主持修造扬州的平山堂，而米芾也曾为鹤林寺题写"城市山林"的匾额，这样的寺院园林想脱离文人化、世俗化的审美情趣都难。文人墨客们留下的大量的题写山寺道观的诗词中不乏对其的大肆渲染与赞美，如陈省华的《登慧聚寺上方》："四望平川独一峰，峰前潇洒是莲宫。松声竹韵千年冷，水色山光万古同。客到每怜楼阁异，僧言因得鬼神功。县民遥喜行春至，鼓腹闲歌夕照中。"

建在城市中的寺观，极其方便地满足了朝廷与百姓礼佛

虎丘前山图　（明）钱穀

修道以及世俗化的活动需求，还有一部分寺观，往往出于僧道修行的需要而选址于远离城市的山野。要在荒野生存下去，所选环境必须具备充足的水源和肥沃的泥土，这样的环境林木繁茂，自身必为风景优美之地，再加之寺观的经营，会吸引大批香客和文人名士慕名而来，渐渐地名山大川便成了以寺庙道观为中心的风景名胜区。佛道自古便为山野自然景观开发建设的先行者，形成了"天下名山僧（道）占多"的格局。李白有诗可为写照："我本楚狂人，凤歌笑孔丘。手持绿玉杖，朝别黄鹤楼。五岳寻仙不辞远，一生好入名山游。"到宋朝的时候，全国以山岳景观为主的自然风景区基本上都已开发建设成型了，尤其是对西湖风景区的建设，成就格外显著。

在郊野所建寺观，因大多选择在自然山水风景优美的地段，故寺观园林则更多展现的是自然美。从白居易记杭州灵隐寺《冷泉亭记》可略知概况：

武当霁雪图　（明）谢时臣

▶ 灵隐寺地处杭州西湖以西灵隐山麓，处于两峰挟峙，郁郁林间，相传一千六百多年前西印度僧人慧理云游到这里，见有一峰而叹曰："此乃中天竺国灵鹫山一小岭，不知何代飞来？佛在世日，多为仙灵所隐。"于是就在峰前建寺，名曰灵隐。这座山峰就是飞来峰。关于飞来峰，还有一个故事，相传有一天灵隐寺的济公和尚算知有一座山峰就要从远处飞来，那时，灵隐寺前是个村庄，济公怕飞来的山峰压死人，就奔进村里劝大家赶快离开。村里人因平时看惯济公疯疯癫癫，爱捉弄人，以为这次他又是寻大家的开心，因此谁也不听他的话。眼看山峰就要飞来，济公急了，就冲进一户婆新娘的人家，背起正在拜堂的新娘子就跑。村人见和尚抢新娘，就都呼喊着追了出来。人们正追着，忽听风声呼呼，天昏地暗，"轰隆隆"一声，一座山峰飞降灵隐寺前，压没了整个村庄。这时，人们才明白济公抢新娘是为了拯救大家。

灵隐寺是中国佛教禅宗十大古刹之一，鼎盛时，曾有九楼、十八阁、七十二殿堂，僧房一千三百间，僧众多达三千余人。宋宁宗嘉定年间被誉为江南禅宗"五山"之一。

东南山水，余杭郡为最；就郡言，灵隐寺为尤；由寺观，冷泉亭为甲。亭在山下水中央，寺西南隅。高不倍寻，广不累丈，而撮奇得要，地搜胜概，物无遁形。春之日，吾爱其草薰薰，木欣欣，可以导和纳粹，畅人血气。夏之夜，吾爱其泉淳淳，风泠泠，可以蠲烦析醒，起人心情。山树为盖，岩山为屏，云从栋生，水与阶平。坐而玩之者，可濯足于床下；卧而狎之者，可垂钓于枕上。矧又潺湲洁沏，粹冷柔滑，若俗士，若道人，眼耳之尘，心舌之垢，不待盥涤，见辄除去，潜利阴益，可胜言哉！斯所以最余杭而甲灵隐也。

老子骑牛图 （宋）晁补之

道观的建设和寺庙相仿，到徽宗朝时更盛。封自己为

"教主道君皇帝"的徽宗是个不折不扣的狂热的道教徒，曾试图将释道两家合一，颁令普天之下所有州、郡都必须有道观，没有的就把寺庙改作道观，使道观遍布全国各地。还在京城建玉清神霄宫、迎真馆、九成宫，1115 年为林灵素大修上清宝篆宫为土木之盛。每个道观动辄占地数百上千顷，和寺庙一样拥有宫殿、土地和三产，道士们还拿着丰厚的俸禄，甚至位居官职。道观的园林建设情况与寺庙相仿，也与世俗的私家园林没有本质的区别，北宋大臣夏竦的两首诗可以见证：

奉和御製五岳观告成

岳镇明神屡降康，圣心尊奉礼文扬。
徽名祇荐昭殊典，秘宇钦崇报美祥。
曲沼甘泉秋湛湛，浮荣嘉气晓苍苍。
金釭衔壁流繁影，云雀踶甍耀采章。
祇被王灵涓吉日，密砻文杏架修梁。
都人雾集鸿仪盛，帝御天临絜志彰。
宸唱茂宣昭峻极，春祺纷委顯蕃昌。
升平更属西成日，击壤欢谣遍井疆。

奉和御製玉清昭应宫成

中宸夜驻飞廉辔，东阙朝迎绿错篇。
祇建宝宫朝睟象，载崇金阁奉真铨。
高侔紫极威神异，回据柔灵胜势宣。
蟲蟲端平规景叶，煌煌丰丽圣功全。

承隅阳马层云隔，鸣磬花台晓色先。

别笈籙缄龙印字，清坛香奏鹊鑪烟。

流泉灌注通河汉，列馆回环接洞天。

玉籁琅璈鸾竞舞，蕊书金简鹤争传。

采梁虹指祺祥集，银榜星分庆赏延。

永镇帝居资曼寿，五城奕取汉迎年。

世俗化了的寺观从此更加走进了平民老百姓的生活。在"是法平等，无有高下"的理念下，寺观为普通老百姓提供了平等交往的空间，甚至还兴办社会福利事业，庇佑了很多贫困书生、孤寡老人。北宋著名宰相吕蒙正、大文学家范仲淹就是从寺庙走向仕途的。而创作了《清明上河图》这幅伟大画作的张择端，则是从相国寺的香积厨里走进了宋徽宗的翰林画院。

画面走到东水门内便停步不前了，如果顺着汴水继续上行，就会来到神往已久的大相国寺门前。其实，已不必再迈动脚步，只需驻足，静静地聆听，这时耳畔就会传来悠悠的钟声。这不是"月落乌啼霜满天，江枫渔火对愁眠"的钟声，这是"惊音怒吼三千界，蝶梦惊回百八声"的相国霜钟，年复一年，日复一日，风霜雨雪从不间断，它成了安定与秩序的象征，成了人生活中的一部分。只要洪亮的钟声在，人民的幸福生活就会在。

三、全民的狂欢

园林是人们对美好居住环境和美好生活的憧憬与向往。

昆仑山上西王母的"瑶池"，"琼华之阙，光碧之堂，九层伭室，紫翠丹房。左带瑶池，右环翠水"，黄帝的"悬圃"，"春山之泽，水清出泉，温和元风，飞鸟百兽之所饮"，是中国古代人民所幻想的理想世界；《圣经》里流水潺潺，遍植奇花异树的"伊甸园"，是西方基督教徒的理想天国；装饰着金、

蓬莱仙境图 （清）袁耀　　　　　　极乐世界庄严图 （清）丁观鹏

银、琉璃、玛瑙等七宝的楼阁，被四宝环绕的七重栏楯、七重罗网、七重行树，清凉甘甜的八功德水充盈的极乐世界，是佛教徒的终极目标。

人们所向往的理想环境，都没能脱离开华丽的宫殿、丰饶的树木、甘甜的流水，以及祥和的飞禽走兽，他们所描绘的美轮美奂的仙境，不正是我们人间的"园林"吗？

循着中国古典园林发展的脉络我们可以看到，从秦汉到清末，园林多是为特权阶级服务的，多属皇家贵族和私人所有，而不对外开放。对于普通百

▶ 王楙，字勉夫，号分定居士，宋代词人，其词"莼菜秋风鲈鲙美，桃花春水鳜鱼肥""平生不学口头禅，脚踏实地性虚天"为中国古代诗词经典名句。隐居不仕，闭门著述，当时称为讲书君。所著《野客丛书》三十卷，以考辨典籍、杂记宋朝及历代轶事为主，上考证经史百家，下至骚人墨客佚事，可谓兼收并蓄，包罗万象。《四库全书总目》称其"位置于《梦溪笔谈》《缃素杂记》《容斋随笔》之间无愧色也"。

▶ 百戏：即杂技表演，马端临《文献通考》卷一四七"乐考"记云："宋朝杂乐百戏，有踏球、蹴球、踏蹻、藏挟、杂旋、弄枪碗瓶、跳剑、踏索、筋斗、拗腰、透剑门、飞弹丸、女伎。百戏之类，皆隶左右军而散居，每大飨燕，徽宗院按籍召之。"周密《武林旧事》："至于吹弹、舞拍、杂剧、杂扮、撮弄、胜花、泥丸、鼓板、投壶、花弹、蹴鞠、分茶、弄水、踏混木、拨盆、杂艺、散耍、讴唱、息器、教水族水禽、水傀儡、鬻水道术、烟火、起轮、走线、流星、水爆、风筝，不可指数，总谓之'赶趁人'，盖耳目不暇给焉。"

姓而言，是难以享有园林之乐的。但历史走到宋朝，被围墙深锁的园林却向老百姓打开了一扇门，其中最大的一扇门，是由愿意"与民同乐"的皇帝打开的——定期向民众开放皇家园林。皇帝所生活工作的地方，其华丽、其尊贵、其神秘，平日在百姓心里不知道被想象了几百遍几千遍，一旦敞开了大门，而且还是欢迎免费参观，那还不是万民纷沓，热闹到几度疯狂。对于这样的热闹，吴自牧在《梦粱录》中这样描述："不论贫富，游玩琳宫梵宇，竟日不绝。家家饮宴，笑语喧哗。""至如贫者，亦解质借兑，带妻挟子，竟日嬉游，不醉不归。""不特富家巨室为然，虽贫乏之人，亦且对时行乐也。"所以说，宋朝的人民是幸福的，这也正是宋朝最大的魅力所在，对于美好环境，普通百姓不必再如古人那样去幻想，而是可以和帝王贵族一样亲处其中，另外，一些私家园林也会定期向民众开放，让百姓多了更多的游冶去处。

宋朝的节日特别的多，假日也特别的多，早在一千多年前的北宋，就有了七天小长假呢。王楙《野客丛书》卷十六云："国家官私以冬至、元正、寒食三大节为七日假，所谓前三后四之说。"《东京梦华录》卷之六："正月一日年节，开封府放关扑三日。"在这个享乐型的社会，每逢重大的节日或时令就是一场全民的狂欢，春夏秋冬、各节各令各有不一样的欢庆，御苑的开放往往就伴着节日的狂欢，喜欢与民同乐的皇帝助长了宋人尚奢侈游娱的风气。

一年里第一次大热闹当属元宵节的灯会，这个活动早在年前的冬至就开始准备了，彩棚、彩灯、百戏杂耍主要集中在皇宫附近御街一带，届时皇上会登上宣德门的城楼与民同乐，大相国寺、开宝寺、景德寺、大佛寺等宫观寺院都准许百姓入内上香、游玩。整个京城被彩灯辉耀，被笙乐淹没，通宵达旦，竟日欢歌，玩得兴起了，遇到皇上心情不错，还会将灯会延长一两天。欧阳修词："去年元夜时，花市灯如昼。月到柳梢头，人约黄昏后。"凄清浪漫的爱情故事就发生在元宵灯会。紧随着元宵的花灯悄然而至的是春天，花灯甫收，京城的人们便争先恐后地到郊外去踏青，欧阳修《阮郎归》向我们展示的便是踏青时节的情景：

南园春半踏青时

风和闻马嘶

青梅如豆柳如眉

日长蝴蝶飞

花露重

草烟低

人家帘幕垂

秋千慵困解罗衣

画堂双燕归

至于郊野台榭园间，到处是歌儿舞女，欢声笑语，"红妆按乐于宝树层楼，白面行歌近画桥流水，举目则秋千巧笑，触处则蹴鞠疏狂，寻芳选胜，花絮时坠金樽；折翠簪红，蜂蝶暗随归骑。于是相继清明节矣"。清明节那一天，京城里的人们纷纷到郊外扫墓，"四野如市，往往就芳树下，或园圃之间，罗列杯盘，互相劝酬。都城之歌儿舞女，遍满园亭，抵暮而归。"

《清明上河图》描述的就是清明时节的东京。因为郊野地段，并不是画图的中心，因此作者并没有在这里刻画更多的人物，而是只画了抬着饰有杨柳杂花轿子的一行人，一对骑驴顾盼的老夫妻，古拙如画的老杨柳林，一大片

游春图　（隋）展子虔

清明上河图（部分）郊野春游　（宋）张择端

阒寂无人的郊野。用大量留白、以少胜多的手法暗示着宋都人清明踏青郊游的习俗。

北宋著名学者杨侃在《皇畿赋》对东京四郊踏青之地有细致的描绘。东郊号称东御苑的迎春苑，是皇家的御花园，"向日而亭台最丽，迎郊而气候先暖。莺啭何早，花开不晚"，最为吸引游人早来赏春。南御苑玉津园在南薰门外，园内林木繁茂，环境清幽，建筑极其疏朗，"别有景象仙岛"，"珍果献夏，奇花进春，百亭千榭，林间水滨"，春天开放，最宜踏青，人们到此游玩则"郊薮既乐，山林是忘"。林间还饲养着大量的珍稀动物，像麒麟、驺虞、神羊、灵犀、狻猊、驯象和各种珍禽等，不能一一记数。

西郊的金明池、琼林苑也是在春日对百姓开放的著名的御苑。两园比邻，位于顺天门外，金明池始建于五代后周显德四年（957），主体是一个周围约九里又三十步的近方形大水池，原是为了操演水军之用。政和年间，宋徽宗对其进行修整，在池中增建水心殿，水心殿由一大四小五殿围合成圆形，位于池中心，由长数百步的飞虹拱桥和南岸的棂星门相连，门外是建在高台上的宝津楼，可俯瞰仙桥、水殿，其东侧是临水殿，皇上就是在这里观看骑射、百戏。池的东岸近水栽植着垂柳，街道两边都是彩棚帷幕，西侧靠水的彩棚用来出租给观看水戏的人，街东侧则都是酒食店铺、赌博买卖等娱乐场所。池的西岸没有建筑，但见垂杨蘸水，烟草铺堤，风光自然旖旎，是垂钓的所在。通常每年的三月二十日，皇上会驾临金明池，观看争标，赐宴大臣，与民同乐。其辉煌盛景可见夏竦诗《奉和御製幸金明池》：

> 朱辂乘时兮出晓烟，飞梁承幸兮斗城边。
> 幔省荫堤兮杨叶闇，星旄藻岸兮物华妍。
> 珠网金铺兮豫章馆，风樯桂楫兮木兰船。
> 象潢仪汉兮澄波远，激水寻橦兮妙戏全。

仁帝晖兮凝製眸，人焕衍兮欢心逸。

嘉流景兮延迩臣，乐清明兮丽新曲。

金明池的活动可谓是异彩纷呈，诸如舞大旗、扮狮豹、耍掉刀、蛮牌、杂剧、水傀儡、水秋千等，真个是你方唱罢我登场，直看得人眼花缭乱，热闹非凡。其中的压轴大戏，当属金明池夺标：二十只小龙船，每只船上有五十多个穿红色衣服的军士划桨，船头各有一名挥舞彩旗的指挥，各船上都有旗鼓和铜锣。先是队形的表

金明池争标图   （宋）张择端

演之后便开始夺标比赛，类似于现在的赛龙舟，先到终点抢到标杆者为胜。皇帝和嫔妃们则乘大龙舟观看。

这里除了有各种各样的表演外，俨然还是一个大型综合市场和大型娱乐场，各种酒家吃食，各种商品买卖，各种游戏娱乐，每年从三月一日开放至四月八日闭池的一个多月里，不管晴雨，每天都游人如织，纵情娱乐，整个就是一场全民狂欢的盛宴。宋代著名史学家司马光就曾在金明池会饮，并写一首《会饮金明池书事》："日华骀荡金明春，波光净绿生鱼鳞。烟深草青游人少，道路若无车马尘。"

在狂欢之中，牡丹、芍药、棣棠、木香等百花次第开放，不知不觉从孟

春已经玩到了季春，疯狂的春天就这样悄悄地过去了。

夏日里没有什么节日，但会玩的汴梁人依然能找到消磨的好去处。《东京梦华录》记载：

> 都人最重三伏，盖六月中别无时节，往往风亭水榭，峻宇高楼，雪槛冰盘，浮瓜沉李，流杯曲沼，苞鲊新荷，远迩笙歌，通夕而罢。

这里就不得不说说构成东京最繁华的场所——茶楼酒肆了。东京的茶楼酒肆可谓遍布大街小巷，著名的正店有七十二家，其余脚店则不能遍数，到处都是。这也是在《清明上河图》中被张择端重点描绘的一部分，在其所绘制的百余幢房屋楼宇当中，可以被明确认定经营餐饮的店面达四十五幢之多，几近半数。在这里我们并不是想探讨开封的茶楼酒肆如何兴盛，而是为了说明，这众多的茶楼酒肆为了招徕顾客，大多或者建在苑囿之中，或者自身都刻意经营花木扶苏、廊庑掩映、水竹相照的园林院落，这众多的花园式酒店，不仅为顾客提供了休闲娱乐的好去处，更共同构建了开封这个偌大的花园城市。在《东京梦华录》卷之六《驾幸琼林苑》有这样的记载："大门牙道，皆古松怪柏，两傍有石榴园、樱桃园之类，各有亭榭，多是酒家所占。"

荷香消夏图（局部）　（宋）马麟

▶ 瓦舍也叫瓦子、瓦市，固定的大型综合娱乐场所，戏曲、说书、卖艺、杂耍、歌舞、木偶戏，甚至妓馆等汇集之地。瓦舍里设置的演出场所称勾栏，也称钩栏、勾阑，原意为曲折的栏杆，在宋元时期专指集市瓦舍里设置的演出棚或用绳子圈起来的演出场地。一般瓦舍的规模都很大，内有十几座勾栏。

开封樊楼照片

《驾幸宝津楼宴殿》：宴殿南"有古桐牙道，两傍亦有小园圃台榭。南过画桥，水心有大撮焦亭子，方池柳布围绕，谓之'虾蟆亭'，亦是酒家占"。卷之八《中秋》："中秋夜，贵家结饰台榭，民间争占酒楼玩月……夜深遥闻笙竽之声，宛若去外……夜市骈阗，至于通晓。"东京城内最著名的酒店樊楼，又名白矾楼，由高三层的五栋楼相向组成，五楼之间各有飞桥栏槛相连，亭台院落，极其壮丽，其热闹可见刘屏山《汴京绝句》诗："梁园歌舞足风流，美酒如刀解断愁。亿得少年多乐事，夜深灯火上樊楼。"为什么茶楼酒肆都重视对园林环境的经营，也许援引欧阳文忠公的一句话便可作答——醉翁之意不在酒，在乎山水之间也。

如果不去茶肆酒楼，也不去瓦舍勾栏，即使你只是在北宋东京的大街上随便走走，亦可以轻易地欣赏到园林之美景。首先，北宋对于街道的绿化非常重视，"城里牙道，各植榆柳成荫"，这从《清明上河图》上不难看出。其中最美的街道当属御街，"皇城正门宣德楼一直往南，长约三百零七米，为御街。街道两旁植树种花，莲荷桃李，五颜六色，春夏之间，望之如绣。"从晏几道《御街行》里，可见御街之美，以及由景触生的幽情：

> 街南绿树春饶絮。雪满游春路。
> 树头花艳杂娇云，树底人家朱户。
> 北楼闲上，疏帘高卷，直见街南树。
> 阑干倚尽犹慵去。几度黄昏雨。
> 晚春盘马踏青苔，曾傍绿阴深驻。
> 落花犹在，香屏空掩，人面知何处？

其次，东京城内有汴河、蔡河、五丈河、金水河四条河道，河道两侧堤岸遍植杨柳桃花，与水依依，无限绮丽。尤其是汴河，笼罩在晓雾迷离之中的翠柳，如烟如愁，格外的淡雅妩媚，就像一幅绝妙的山水画，享有"隋堤烟柳"之美誉，为汴京八景之一。还有河道上众多的桥梁，形式各异，每一处都可成为一道风景。最著名的除了众所周知的虹桥之外，当属正对御街的州桥，每当月明之夜，"两岸夹歌楼，明月光相射"，天上一轮明月，水里一轮明月，天上人间两相照，登桥观月的人群，纷至沓来。此景被誉为"州桥明月"，亦是汴京十景之一。政府就经常在这些诸如街道的宽敞处、河道两岸或者转弯开阔处、桥头、水井旁、祠堂庙宇前，修建一些公共园林，供市民平日里休闲聚会纳凉。

城里城外随处可见的园林景致，游赏娱乐的风气，使人们养成了享受自然的习惯和对美的追求，为了满足足不出户都有景可赏的期待与向往，于

▶ 斗栱，又称斗科、欂栌，宋代李诫《营造法式》将这种结构称为铺作，清代雍正十二年（1734）颁布的《清工部工程做法则例》称之为斗栱，是中国木构架建筑结构的关键性部件，主要由方形的斗和弓形的栱经多重交叉组合而成，在横梁和立柱之间挑出以承重，将梁架、屋面的荷载经斗栱传递到柱子上，再由柱子传到基础。斗栱在建筑物上下架间形成一层有弹性的结构层，能够增强建筑物的抗震性，又有一定的装饰作用，是中国古典建筑显著特征之一。在封建社会中，斗栱对统治者而言有一个极为重要的作用：维护和巩固政府的统治地位，固化百姓的等级观念，使自己的权利得到更安全的保障。中国古人为使建筑符合礼制要求，划分建筑等级，规定建筑模式。唐至清，斗栱专供皇家及上等官员使用；不同级别官员的府邸之斗栱体量也不同，较小官吏及百姓之宅绝对不允许有斗栱，否则最高可判死刑。因此，斗栱还是封建等级制度礼制的重要标志之一。

清明上河图（部分）赵太丞家　（宋）张择端

是，人们又普遍开始经营自家庭院。

　　在《清明上河图》卷末出现了两座豪宅，大门上的斗栱彰显着主人不一般的身份，其中一家斗栱突兀的店面悬挂着"赵太丞家"的牌匾。太丞是北宋对医官的尊称，宋朝有个规定，医官在处于虚职的时候可以自己开医馆营业，赵太丞家开的就是一个医药店。在他家内宅的院子里，生长着郁郁葱葱的竹子，隐隐约约还有湖石置于其中。其实只要留意便可看见图中每家每户宅前院后的绿意。

　　孟元老在《东京梦华录》中也提到了这一点："绮罗珠翠，户户神仙，画阁红楼，家家洞府"，大到庭园山林，小到家家户户哪怕一石一竹，一花一木，也用心经营，小处亦堪赏玩，所以也便有了"庭院深深深几许？烟柳堆烟，帘幕无重数"。园林的建设走到宋朝，真正实现了自上到下的全民的动员与狂欢。

灌佛戏婴图 （宋）苏汉臣

［链接］

延 福 宫

延福宫为北宋大内御苑，在宫城之北，构成城市中轴线上前宫后苑的格局。《宋史·地理志》中有非常详细地记载，文中提到五十处建筑物，其中有三十二处的命名与植物有关，且从"筑土植杏，名杏岗""覆茅为亭，修竹万竿，引流其下""嘉花名木，类聚区别，幽胜宛若生成"的文字，不难看出延福宫内花树繁茂，植物造景的比重很大。延福宫由当时的五个大宦官——童贯、杨戬、贾祥、蓝从熙、何诉各自监修一部分，成为各不相同的五个区，号称延福五区。可想而知，这五人为讨皇上欢心，给皇上建宫苑自是竭其所能，无所不用其极，互相攀比，规模之旷巨，气派之宏伟，制作之奇巧，亘古未有。后又跨内城北墙护城河增建一区，即延福六位。修建延福宫也是花石纲流毒的开始。

皇 家 园 林

皇家园林为中国古典园林四种基本类型之一，在古籍里面称之为"苑""囿""宫苑""园囿""御苑"，为皇帝个人和皇室所私有。皇帝号称天子，奉天承运，他的地位至高无上，是人间的最高统治者。他的起居环境均要显示皇家气派和皇权的至尊。皇帝还能够利用政治上的特权和经济上的雄厚财力，占据大片的地段营造园林，其规模之大远非私家园林可比拟。

皇家园林按其不同的使用情况又有大内御苑、行宫御苑、离宫御苑之分。大内御苑建置在宫城和皇城之内，与皇宫相毗连，相当于私家的宅园，便于皇帝日常临幸游憩。行宫和离宫御苑建置在都城近郊、远郊的风景优美、环境幽静的地方，或者远离都城的风景地带。行宫御苑供皇帝偶一游憩或短期驻跸之用，离宫御苑则作为皇帝长期居住并处理朝政的地方，相当于一处与大内相联系着的政治中心。此外，这些郊外的园林面积广大，土地肥沃，在农业生产及都城水利中也发挥着重要作用。

北宋东京、南宋临安、金朝中都，都有许多皇家园林建置，规模虽远逊于唐代，然艺术和技法的精密程度则有过之，形成皇家园林发展史上的一次高潮。

石　丑　而　文

宋罗大经《鹤林玉露》中记载苏东坡在称颂画家文同的梅竹石图中提道："梅寒而秀，竹瘦而寿，石丑而文，是为三益之友。"苏东坡在米芾提出的"瘦、皱、漏、透"相石标准基础上，指出"石丑而文"，开创了"丑而美，丑而秀，丑而雄"的赏石之先行。

清代郑板桥在《板桥题画石》中对其进行了进一步的阐述，有助于我们对丑石之美的理解："米元章论石，曰瘦，曰绉，曰漏，曰透，可谓尽石之妙矣。东坡又曰'石文而丑'，一丑字则石之千态万状，皆从此出。彼元章但知好之为好，而不知陋劣之中有至好也。东坡胸次，其造化之炉冶乎！燮画此石，丑石也，丑而雄，丑而秀。"

丑，陋劣也，但正因其丑，不能像山水花鸟那样娱人之目，却才更能吸引人去揣摩、去探求，并从中发现"雄"与"秀"之美，即所谓的"陋劣之中有至好"。这里所说的"至好""雄""秀",都已经不是石的外在形象,而是石之内在的神韵与意味,是更深层的东西,即板桥所谓的"东坡胸次",是直指内心的。东坡曾言"文以达吾心,画以适吾意",作文、绘画,都是为了表达我的内心情感,为了直抒胸臆,赏石、画石亦是如此,要摒弃外在形体的束缚,意在追求自然天成,抒发心中块垒。

文,通"纹",石头表面的皱褶纹理,"文"一字强调了石头天然本真的属性,以朴素之美示人,是无为性情的外证。石虽然不是玉,却有怀玉之心,石为其表,玉为其心,表面的不羁痕迹反而是一种天趣,从更深层次来讲,"文"亦是指向了内在美。正如庄子所言:"德有所长。而物有所忘。"人格精神方面的内在的美是可以使人们忘掉外在的形体的丑的。苏东坡丑石审美的提出,是一个写意时代开始的标示。

无独有偶,法国著名雕塑家罗丹有一件《欧米哀尔》的雕塑,所表现的是一个年老色衰的老妓女。憔悴的面容,萎缩的肌肉,褶皱的皮肤,悲哀的表情,其丑陋到令观者不敢直视。然而这件雕塑却比无数美女的雕塑更成功。有的评论家在《欧米哀尔》面前惊呼:"啊,丑得如此精美!"实际上,罗丹的这件雕塑的吸引人之处,是超越外在形态的更加深刻的美学意义:罪恶的社会把一个人的美好的青春和幸福给毁灭了。正是这种内在蕴含使《欧米哀尔》显得精美,并给人带来了心灵的震动和深刻的美感。罗丹曾说过:"自然中认为丑的,往往要比那认为美的更显露出它的'性格'……在自然中越是丑的,在艺术中越是美。"

老子在《道德经》中用了很多篇章来向人们揭示这样一个"道":事物存在着矛盾的两个方面且事物的矛盾和对立转化是永恒不变的规律,有无相生、福祸相依、大音希声、大象无形、大成若缺、大巧若拙、大直若屈等,艺术之中的丑与美亦不能游离于此道之外,这两个貌似对立的概念之间亦是存在着相互蕴含、相互作用、相互转化的关系。雨果也曾说过:"感觉到丑就在美的身边，畸形靠近着优美，粗俗藏在崇高的背后，恶与善并存，黑暗与光明相共。"这里的丑的存在是作为美的陪衬而成为美的组成部分。而"石丑而文"的丑的存在则是因为富有个性而本身成了美的变异，丑与美并没有分明的界限，陋劣之中有至好，清末刘熙载在《艺概》中明确阐释了这个重要的美学命题："怪石以丑为美，丑到极处，便是美到极处，一丑字中丘壑未易尽言。"深刻揭示了"丑"的艺术表现力，丑往往比美更能揭示内在的真实，更能激发深刻的美感，促使人们从对象的外在表象中解脱出来，而去关注与追寻对象内部的真实和蕴含的意味，这样，丑的对象就给人带来一种更深刻的、更震撼人心的美感。"石丑而文"，是古代赏石对于审美领域的一大贡献。

丛 林 经 济

宋代寺院经济以丛林经济为主，具有比历代寺院经济更为广泛的社会基础。它由寺田的开发、长生库经营、工商业活动、功德坟寺特权等组成。

寺田是宋代寺院经济的基础。宋代寺田的主要来源，包括皇室的敕赐、信众的施舍、自身开垦、出钱购买、侵占官私土地等多种方式。在获得大量寺田的基础上，宋代寺院普遍建立起自己的庄园。寺院的庄园经济在宋代相当可观，如宁波天童寺，有田三千二百八十亩，山地一万八千九百五十亩；灵隐寺有田一万三千亩；洛阳崇德院，有田二万一千亩；以福州为例，北宋中期寺田约占民田的三分之一。

长生库，系寺院经营的质库（当铺），一种以抵押借贷为主的金融机构。长生库资本的主要来源，包括皇室赐予、民间施舍、寄存或合股资本，以及寺院本身的庄园收入、工商业经营收入等。它的活动方式，与世俗质库大致相同，主要为以物质钱、抵押借贷；它以高利贷资本为手段，达到商业盈利的目的。此外，长生库还经营各种实物借贷，尤其是谷物借贷；甚至还有耕牛的借贷、租赁。可见，寺院地主与世俗地主的剥削形态，同样是土地、商业、高利贷三位一体的混合形态。

寺院经济生活与世俗相联系的另一方面，是工商业的经营，如开设碾硙业、制盐业、冶铁业、纺织业等手工行业，以及店铺业、饮食业、仓库业、药局业等商业性服务行业。宋代大型寺院还有为数极可观的房租收入。

功德坟寺是与宋代寺院经济相联系的，是一种建于贵族坟地上的私寺，其寺僧即是墓守。这种寺院在唐代已经存在，至宋代而获得重大发展，宋代功德坟寺与一般寺院的区别是：它通常为皇帝敕赐，是宋代皇帝对士大夫的特殊恩典，故基本上限于皇族、朝廷显贵的权力范围，受到特殊的待遇。如坟园（庄园、寺领）可免输租税，每年可度僧若干，并有紫衣师号颁赐的特权。正因为有这种经济上的特权，普通寺院往往通过各种关系，将所在寺院变为功德坟寺，而皇族、显贵也有意识把一些有敕额的寺院改作自己的功德坟寺。

宋朝的节日

宋朝的民俗节日，几乎每个月都有，在传承前代的基础上内容更加异彩纷呈，对一个享乐型社会来说，"过节"就成了宋人生活中一个非常重要的内容。

传统节日中，寒食、冬至和元旦为三大节。由上至下格外重视，尤其宫中更重这三节，民间对这三节的重视程度首推冬至，其次是元旦、寒食。

冬至本是二十四节气之一，但因古人有"冬至阳生"的说法而格外受到人们的重视。《东京梦华录》说："十一月冬至，京师最重此节。虽至贫者，一年之间，积累假借，至此日更易新衣，备办饮食，享祀先祖，官放关扑，庆贺往来，一如年节。"此节的隆重往往超过春节。而皇家在冬至的活动更是繁缛，祭祖祭天，要一连忙活上好几天，排场也是出奇的壮观。

元旦（含元宵节）是中国最重要的传统节日，排场大，时间长，从头一年的冬至开始准备，直到元宵节，差不多是把冬至、立春、元旦、人日、元宵等节日串在一起过的一个超长假。《东京梦华录》记载：正月一日年节，开封府放关扑三日。士庶自早互相庆贺。坊巷以食物动使菓实柴炭之类，歌叫关扑。如马行、潘楼街、州东宋门外，州西梁门外踊路，州北封丘门外，及州南一带，皆结彩棚，铺陈冠梳、珠翠、头面、衣着、花朵、领抹、靴鞋、玩好之额。间列舞场歌馆，车马交驰。向晚，贵家妇女纵赏关赌，入场观看，入市店饮宴，惯习成风，不相笑讶。至寒食冬至三日亦如此。小民虽贫者，亦须新洁衣服，把酒相酬尔。皇上正月初一要举办大朝会，接受百官及各国使臣的朝贺，第二天去大相国寺上香，次日到南御苑射箭。

寒食节在清明节的前一天或两天，因两节相距甚近，古人习惯把两者连在一起过。宋朝的清明虽然还保留了祭祀亡灵的习俗，但更多的却是纵情取乐，成了继春节之后又一个大节。老百姓们纷纷出城踏春，朝廷的节目也热闹纷呈，玉津园赐宴，金明池争标，宝津楼百戏，聚众豪赌，这个节日全民上下真是要多疯狂有多疯狂。

据《东京梦华录》《武林旧事》记载的北宋其他的节日有：

二月一日中和节；二月八日铜川张王生辰；四月八日浴佛节，五月初五端午节，六月六日崔府君生日；六月二十四灌口二郎神生日；七夕节；七月十五日中元节；秋社、中秋节；重阳节；十日一日，宰臣已下受衣着锦袄。三日，〔今五日〕上庶皆出城飨坟。十月初十日天宁节（宋徽宗生日）；立冬、腊八、除夕。

公 共 园 林

　　公共园林，为公众所使用的园林，多见于经济发达、文化昌盛地区的城镇、村落，为居民提供公共交往、游憩的场所，有的还与商业活动相结合。多半是利用江、湖、水系稍加园林化的处理，或者城市街道的绿化，或者因就于名胜、古迹而稍加整治、改造，绝大多数没有墙垣的范围，呈开放，外向型的布局。一般由地方官府出面策划，或为缙绅出资赞助的公益性质的善举，后期的发展较为普遍。

　　公共园林滥觞于东晋之世，名士们经常聚会的地方如"新亭""兰亭"等应是其雏形。亭在汉代本来是驿站建筑，也是基层行政机构。到两晋时，演变为一种风景建筑，文人名流在城市近郊的风景地带游览聚会、诗酒唱和，

浙江省，绍兴市，兰亭

亭的建置提供了遮风避雨、稍事坐憩的地方，也成为点缀风景的手段，逐渐又转化为公共园林的代称。兰亭，则是典型一例。王羲之的《兰亭集序》，记述了一次修禊活动的盛况，一次江南名流的雅集盛会。"此地有崇山峻岭、茂林修竹，又有清澈激湍，映带左右。引以为流觞曲水，列坐其次。虽无丝竹管弦之盛，一觞一咏亦足以畅叙幽情矣。"高雅清纯的园林审美堪比东晋简文帝的"会心处不必在远，翳然林木，便有濠濮间想"，梁昭明太子"何必丝与竹，山水有清音"。

唐代，随着山水风景的大开发，在城邑近郊一些小范围的山水形胜之处建置亭、榭等小体量建筑物做简单点缀，而成为园林化公共游览地的情况也很普遍，公共园林的文献记载也比较翔实。在长安城内，公共园林一般有三种情况：利用"原"，如乐游原；利用水渠转折部位，如曲江；利用街道绿化。

北宋东京地势比较低，城内外散布着许多池沼，如普济水门西北的凝祥池、城东北的蓬池、陈州门里的凝碧池、南熏门外玉津园一侧的学方池、鸿池、讲武池、莲花池等。政府出资在池中植菰、蒲、荷花，沿岸植柳树，并在池畔建置亭台桥榭，成为东京居民的游览地，相当于公共园林。南宋临安的西湖则更是驰名中外。

第二章 须弥芥子

在诗与画中生长的园林

▶ "须弥纳芥子，芥子纳须弥"是佛教用语，巨大的须弥山能够容纳微小的芥子，微小的芥子中也可容纳下巨大的须弥山，比喻诸相皆非真，巨细可以相容。本章借以形容尺幅画中容纳着园林、诗词，诗词中也包含着园林与画，说明园林、诗、画三者之间存在着互相包容、互相渗透、互相发展的关系，也以此象征了文人士大夫那种自性容纳万法的禅趣。袖里乾坤，瓶中天地，不拘外在形态，逍遥于心灵空间，如此则何往而不适呢？

诗画的生命在于传承，园林的生命在于生长。诗画本身不会生长，但诗画里有了园林，园林里有花草树木，有雀鹤雁鹜，有虫鱼走兽，有人，有许许多多可以生长的生命，园林也就因了这些生命而呈现出不断地生长、成熟的特征，诗词画卷也就因了这些生命的生长而生长。所以千年之后，画里山水依然生机如昨，所以直到今天，即使那些曾经怒放的园林早已被湮没在历史长河里不见了踪影，我们依然可以在诗词散文中、在画作中感受得到它们茁壮的生命和浓厚的诗情画意。

诗词、绘画、园林自觉地互渗发轫于中唐，集诗人、书画家、造园家于一身的王维是将其三者有机融合的始创者。王维的一生创作了大量的山水田园诗，他的诗里有景有情，有声有色，譬如"寒山转苍翠，秋水日潺湲。倚杖柴门外，临风听暮蝉。渡头余落日，墟里上孤烟。复值接舆醉，狂歌五柳前"，譬如"渔舟逐水爱山春，两岸桃花夹古津。坐看红树

不知远，行尽青溪忽值人"，一首首诗朗朗读来，就像在眼前徐徐铺展开一幅幅画卷，然后在想象的空间里，一幅幅灵动的画卷慢慢地生长、延伸、立体，还原成一座座活生生的园林空间。诗、画、园林就在这一刻融合为一体，你中有我，我中有你，难以分开。王维的画，善用雄壮的笔迹，表现泼墨山水松石，并以抒发胸臆，苏轼评论王维的画"得之于象外，有如仙翻谢笼樊"，画出景外之意，画里饶富诗情，有了文人写意画思想的萌芽，苏东坡在其画《蓝田烟雨图》中题跋："味摩诘之诗，诗中有画。观摩诘之画，画中有诗。"首次提出了诗画互渗的审美思想，更进一步将之深化为"诗画本一律"的绘画主张。而让王维过着诗酒悠游、半隐半仕的园居生活的辋川别业，则将诗、画、园林更直接地联系在了一起。王维的辋川别业一共有二十处景点，园内有自然山水，又偏重于树木花卉成片成林的栽植成景，故景致以天然取胜，再加上有一个精通诗、书、画与音律，又笃信佛教、深谙禅理的园主人，园林同时又富有诗情画意及哲理自是不言而喻了。王维晚年就隐居在这里，对这个颇费了自己一番心思刻意经营的园林深爱不已，曾邀请好友裴迪来辋川

辋川十景图（局部）　（明）仇英

▶ 秦观，字太虚，又字少游，别号邗沟居士，世称淮海先生。北宋高邮人，官至太学博士，国史馆编修。一生坎坷，所写诗词，高古沉重，寄托身世，感人至深。秦观生前行踪所至之处，多有遗迹。如浙江杭州的秦少游祠，丽水的秦少游塑像、淮海先生祠、莺花亭；青田的秦学士祠；湖南郴州三绝碑；广西横县的海棠亭、醉乡亭、淮海堂、淮海书院等。

小住，结伴同游，对每一个景点赋诗唱和，共作诗四十首，结集为《辋川集》，王维并画了一幅《辋川图》长卷，二十处景点在画中一一展现，观画有如身临其境，北宋秦观在病中观之，"怳然若与摩诘入辋川"，一一游览二十处景点，没几日病竟然痊愈了

这是诗、画、园林三者有机结合的开始，到北宋，文人画悄然兴起并自成一派，使得绘画与文学的结合更加直接、紧密。在北宋文化的滋养下大为兴盛的文人园林，在体现"诗化"的同时，也大肆吸取文人画的画理画论来指导造园，又呈现出"画化"的表现特征。在文人山水诗画的主要影响下，在唐代创立的写实与写意相结合的造园传统开始偏向于写意方向发展，并最终完成了向写意山水园的转化，诗画的情趣与意境的蕴涵是其最大特色。

王维在《山水诀》中说："咫尺之图，写千里之景。东西南北，宛尔目前；春夏秋冬，生于笔下。"正如一粒小小的芥子，能够容纳一座巨大的须弥山一样，画幅虽小，只有咫尺，

千里江山图（部分）　（宋）王希孟

诗词虽短，寥寥数语，却能容纳广阔的园林天地，任其蓬勃生长，生机无限。

一、诗画本一律

宋代的绘画有两大基本特征，一是以宫廷画为代表的"写实"风格和以文人画为代表的"写意"形式并行发展，平分秋色；二是完成了绘画的"诗化"过程，确立了"以诗入画"的重要审美原则。

从五代到北宋，宫廷绘画艺术中较有成就的是花鸟画和山水画，其中尤以花鸟画因得到皇室青睐而发展更为成熟。北宋宫廷画院中的花鸟画，早期将近一个世纪，传承的都是以来自西蜀的黄筌父子为代表的"黄派"绘画格法，题材多为《杏花鹦鹉》《海棠竹鹤》《牡丹锦鸡》之类，深具富贵意味。

黄筌，字要叔，四川成都人。西蜀宫廷画家，先后供职前蜀、后蜀、北宋画院。以工画得名，擅长花竹翎毛，亦能画佛道、人物、山水，是一位技艺全面的画家。所画禽鸟造型正确，骨肉兼备，形象丰满，赋色浓丽，勾勒精细，几乎不见笔迹，似轻色染成，称为"写生法"。与江南徐熙并称"黄徐"，形成五代、宋初花鸟画两大主要流派。黄筌多画宫中异卉珍禽，徐熙多写汀花水鸟，故有"黄家富贵，徐熙野逸"之谚。又因黄筌及其子居实、居宝、居寀，弟惟亮等画格调富丽，遂成为北宋初翰林图画院优劣取舍标准，被称为"院体"。

写生珍禽图　（五代）黄筌

双喜图　（宋）崔白　　　　　　　货郎图轴（宋）　苏汉臣（传）

花香鸟语图卷（首段）　（北宋）赵佶

从技法角度来说颇重视写生，不仅强调形似，更注意神态的刻画，把描摹人物形象的"气韵生动"艺术原则移用到了花鸟画领域。到北宋中期，崔白对"黄体"所进行的变格，实质是将写生和传神更推进了一步，大大推进了宫廷绘画"写实"的艺术水平。其后赵佶主持的宣和画院，将宋初的黄氏富贵意蕴和写实精神更进一步完善化，使北宋的宫廷画派达到了巅峰状态，形成了宣和体。其主要艺术特征为：画法工致，刻画对象细致入微，用笔洗练遒美，赋色典雅幻丽，神态生动，格调娴雅高贵，刻画精巧，主要来自高超的写生水平以及对事物细致敏锐的观察。据传赵佶有一次见宣和殿前荔枝结实，恰有孔雀徘徊在下，龙心大悦，便宣众画师将此景画在屏风上，但画了几次他都不满意，众人实在是丈二和尚摸不着头脑，便斗胆请教原因，结果赵佶说，孔雀升高一定要先抬左脚，而你们却都画成抬右脚了。可见赵佶观察事物的细致入微，注意到"孔雀升墩必先举左"这一习性。赵佶极力推崇"画写物外形，要物形不改"的绘画理念，其"专尚法度"已达极致。张择端就是深受这种理念影响，从《清明上河图》上对舟马人物街道建筑精细生动、不厌其烦地刻画上不难看出这一点。

正当写实风格臻于巅峰，很难再有发展之际，一股新生力量带着旺盛的生命力来袭，一种名为"士人画"的崭新的绘画风格沛然兴起，他们又以"墨戏"自榜，即俗称"写意"的绘画新形式。倡导者苏轼、文同、米芾等，他们不是专业的画家，但他们却以诗人、书法家的醇厚的文化素养，使这种创新带着猛烈的锐气，足以撼动当时写实形式的主流地位，遂与之形成了相互对峙、平分秋色的形势，并露出了取而代之的历史

▶ 崔白，字子西，濠州（今安徽凤阳）人，北宋画家，擅花竹、翎毛，亦长于佛道壁画。崔白的花鸟画打破了自宋初100年来由黄筌父子工致富丽的黄家富贵为标准的花鸟体制，开北宋宫廷绘画之新风。有《双喜图》《寒雀图》《竹鸥图》《杜牧吹箫祝寿图》等传世。

▶ 文同，字与可，号笑笑居士、笑笑先生，人称石室先生，北宋著名画家、诗人。宋仁宗皇祐元年进士，因曾赴湖州就任，世人称文湖州。文同与苏轼是表兄弟，以学名世，操韵高洁，善诗、文、篆、隶、行、草、飞白，且善画竹。画论注重体验，主张胸有成竹而后动笔，以墨色深浅描绘竹子远近、向背，开创了墨竹画法的新局面。文彦博致书曰："与可襟韵洒落，如晴云秋月，尘埃不到。"司马光、苏轼尤敬重之，苏轼曾称赞他为诗、词、画、草书四绝。

苗头。

▶朱熹，字元晦，一字仲晦，号晦庵，晚称晦翁，又称紫阳先生、考亭先生、沧州病叟、云谷老人、逆翁。谥文，又称朱文公。南宋著名的理学家、思想家、哲学家、教育家、诗人、闽学派的代表人物，宋代理学的集大成者，世称朱子，是孔子、孟子以来最杰出的弘扬儒学的大师，朱熹是程颢、程颐的三传弟子李侗的学生，承北宋周敦颐与二程学说，创立宋代研究哲理的学风，称为理学。其著作甚多，辑定《大学》《中庸》《论语》《孟子》为四书作为教本。

"士人画"这一概念最早出现在苏轼《又跋汉杰画山二则》中："观士人画，如阅天下马，取其意气所到。乃若画工，往往只取鞭策槽枥刍秣，无一点俊发，看数尺许便倦。汉杰真士人画也。"并提出士人画和画工画的区别在于："士人画注重写意，画工画重在写实。"士人画马，注重表现马的英俊昂扬的气质和神采，而画工画马，却更多表现的是鞭策槽枥刍秣等各种琐碎的细节。又在《书鄢陵王主簿所画折枝二首》中提出了"诗画本一律"的绘画主张："论画以形似，见与儿童邻。赋诗必此诗，定非知诗人。诗画本一律，天工与清新。"主张绘画既要有自然之意（天工），又要有象外之意（清新），倡导意似，贬议形似，同时要求绘画要表述一定的诗意，表达一种内在的精神。所谓"诗画一律"的"律"，当指诗歌理论中的"比兴"之法，也就是借物表意，寓情于物，使欣赏者能够由此而联想到彼——象外之意。如苏轼所画的《古木怪石图》，纯以水墨写就，用笔极其粗犷奔放，看图似乎能让人感觉到有一股郁积之气正从画作者胸中喷薄而出。米芾评价其："子瞻作枯木，枝干虬屈无端，石皴硬，亦怪怪奇奇无端，如其胸中盘郁也。"黄庭坚《题子瞻枯木》云："折冲儒墨陈堂堂，书入颜杨鸿雁行。胸中元自有丘壑，故作老木蟠风霜。"苏轼的画作正是其一生坎坷却不屈不挠的精神品格的写照。朱熹《跋陈光泽家藏东坡竹石》云："东坡老人英秀后凋之操，坚确不移之姿，竹君石友庶几似之。百世之下观此画者，尚可想见也。"明·张昱《题东坡竹》："三百余年屈指过，犹于余墨见东坡。虽然数尺黄州竹，写出参天直节多。"可见画品如人品，见画如见人，画竹石，非为传达竹石之神，而是表述作画者本人的主观精神，托物寓兴，借物表心。这就是文人画所谓的"意气"。近代绘画大师陈衡恪在《文人画的价值》中对文人画的概念进行了界定，他说："什么叫文人画？就是画里面带有文人的性质，含有文人的趣味，不专在画里考究艺术上的功夫，必定是画之外有许多文人的思想，看了一幅画，必定使人有无穷的感想，这作画的人必定是文人无疑了。"

苏轼也并非就一味地反对形似，相反他也认为画家必须要注意观察细节，如在《书黄荃画雀》中云："黄荃画飞

墨竹图　（宋）文同

鸟，颈足皆展。或曰：'飞鸟缩颈则展足，缩足则展颈，无两展者。'验之信然。乃知观物不审者，虽画师且不能，况其大者乎？君子是以务学而好问也。"在《书戴嵩画牛》中也讲了一则小故事，说有个牧童见到戴嵩所画《牛》图后拊掌大笑，说牛在斗角的时候，尾巴是紧紧夹在两股之间的，而画中的牛却是甩着尾巴在斗，真是太可笑了！苏轼认为绘画既要表现事物固有的形状，也要符合普遍的内在规律，在表现事物之形时必得寓理于其中，这就是他提出来的"常形常理"绘画理论，绘画中"形"与"理"统

▶ 李公麟，北宋著名画家，字伯时，号龙眠居士。出身名门大族，家藏古器名画法书甚多，与王安石、苏轼、米芾、黄庭坚为至交，驸马王诜西园之座上客。神宗熙宁三年（1070）进士，官至朝奉郎。居京师十年不游权贵之门，以访名园荫林为乐。一生勤奋，作画无数，能集诸家之长，得其大成，师法自然，大胆创新，自成一家，被后代敬为第一大手笔、百代宗师。苏东坡称其"神与万物交，智与百工通"。李公麟笔下"扫去粉黛、淡毫轻墨、高雅超逸"的白描画，为后人学画所遵从的样板典范，被后人称为"天下绝艺"。

▶ 王巩，字定国，号清虚居士，北宋著名诗人、画家，一生勤于写作，著有《随手杂录》《甲申杂记》《闻见近录》《王定国诗集》《王定国文集》《清虚杂著补阙》等书，得到当时很多人的赏识和敬重。苏轼在常州任上的时候，王巩曾去拜访他，俩人同游泗水，登魋山，吹笛饮酒，乘月而归，过了十几天悠游山水、饮酒赋诗、快乐似神仙的日子，苏轼说这种快乐自李太白死后世间三百年都没有人有过了。后王巩受苏轼"乌台诗案"的牵连被贬到最远的宾州（今广西宾阳），苏东坡为此很内疚，此间两人有很多的书信往来，除了互相鼓励之外，更多的是交流诗词书画心得。

一的最高境界是"合于天造，厌于人意"。可见他反对的不过是没有诗意的形似而已。

"诗画本一律"还表现在诗画互渗方面。苏轼的堂妹婿柳仲远有一天拿了杜子美的诗：

憩寂图　（宋）佚名

"松根胡僧憩寂寞，庞眉皓首无住著。偏袒右肩露双脚，叶里松子僧前落。"求李公麟按照此诗意画一幅《憩寂图》，画成之后子由在上面题诗云："东坡自作苍苍石，留取长松待伯时。只有两人嫌未足，兼收前世杜陵诗。"画由东坡和李公麟合作完成，画里画的是杜甫的诗句，画上还有苏辙的题诗，一幅画可谓诗中有画，画中有诗，诗情画意俱足矣。王巩有意归隐之时，也曾拿了杜子美的《寄赞上人》诗，求苏轼题字，李伯时画图。诗僧惠崇专精五律，擅写自然小景，佳句颇多，且又擅画，据北宋郭若虚《图画见闻志》载："建阳僧惠崇，工画鹅雁鹭鸶，尤工小景。善为寒汀远渚、潇洒虚旷之象，人所难到也。"他曾从自己的诗作中选出得心可喜者一百句，每句作一幅画，并刻在石头上，后人称为"《百句图》刻碑"。苏轼也曾为他的画题诗，除著名的《题惠崇春江晚景》"竹外桃花三两枝，春江水暖鸭先知"外，还有一首："两两归鸿欲破群，依依还似北归人。遥知朔漠多风雪，更待江南半月春。"除了描述景物形象鲜明生动，更添加"北归""遥待"等思念之情，使画有了比兴之意，读诗犹似

花溪渔隐图　（明）陆治

见画，情感更洋溢在画面之外，使诗情、画景二者紧密结合，交相辉映。以诗入画，画成赋诗题跋等现象自北宋始，之后渐渐发展成了中国绘画艺术最鲜明的特征之一。

其实不只是文人画讲求诗画结合，身为宫廷画家的郭熙，主张"饱游沃看""外师造化"的同时，亦未偏废"中得心源"的原则，主张画作在忠实描摹外界真实景象之外，还要饱含人心的因素，一件绘画作品，要使人"看此画令人起此心"，"看此画令人生此意"。郭熙把绘画艺术的美学本性概括为"写貌物情，摅发人思"，这体现的正是"诗画一律"的观点。郭熙的儿子郭思在《林泉高致》书中，记叙了郭熙曾经将古人"有发于佳思而可画者"的清秀诗句抄录下来，以诗境作画或者以诗启迪绘画灵感，将诗作为创作源泉。所抄录欲画之诗句有长孙左辅的《寻山家》："独访山家歇还涉，茅

▶ 郭熙，北宋画家、绘画理论家。字淳夫，出身平民，早年信奉道教，游于方外，以山水画闻名。熙宁元年（1068）召入宫廷画院。山水师法李成，画山石多用卷云皴或鬼脸皴，树枝如蟹爪下垂，笔势雄健，水墨明洁。早年风格较工巧，晚年转为雄壮，常于巨幛高壁作长松乔木，曲溪断崖，峰峦秀拔，境界雄阔而又灵动缥缈。存世作品有《早春图》《关山春雪图》《窠石平远图》《幽谷图》等。于画论方面亦有建树，总结出对四季山水的审美感受及山水构图三远法等。其子郭思纂集其画论为《林泉高致》。

▶ 《林泉高致》：中国北宋绘画理论著作。此书由郭熙之子郭思整理而成。序言称，郭思小时，常随父游泉石，郭熙"每落笔必曰：'画山水有法，岂得草草。'思闻一说，旋即笔记，今收拾纂集，殆数十百条，不敢失坠，用贻同好。"全书包括《山水训》《画意》《画诀》《画题》《画格拾遗》《画记》六篇。前四篇为郭熙艺术论述，后两篇为郭思记述郭熙生平及创作情况，是研究郭熙创作的重要资料。

屋斜连隔松叶。主人闻语未开门，绕篱野菜飞黄蝶。"窦巩的《寄南游》："南游兄弟几时还？知在三湘五岭间。独立衡门秋水阔，寒鸦飞去日沉山。"老杜的"舍南舍北皆春水，但见群鸥日日来"，王维的"行到水穷处，坐看云起时"，王安石的"六月杖藜来时路，午阴多处听潺湲"等，所录皆为画面感强烈、意境深远的诗句。以诗入画也是郭熙绘画创作的方式之一，其画自然也就少不了文人画的"诗意"了。

来自宫廷的著作《宣和画谱》，在"花鸟叙论"一节亦说："绘事之妙，多寓兴于此，与诗人相表里焉。故花之于牡丹芍药，禽之于鸾凤孔翠，必使之富贵；而松竹梅菊、鸥鹭雁鹜，必见之幽闲……展张开图绘，有以兴起人之意者，率能夺造化而移精神，遐想若登临览物之有得

画王维诗意图　（明）陈裸

也。"显然这与文人画家所倡导的"诗画本一律"也是完全一致的。其实当时更有效地实践着"诗画一律"原则的还是宫廷画院，最早题诗于画幅之上的

人不是苏轼而是宋徽宗赵佶，并且他还将"诗题"用作画学招生考试的画题。其中广为津津乐道的诗题有"竹锁桥边卖酒家""蝴蝶梦中家万里""踏花归去马蹄香""野水无人渡，孤舟尽日横""乱山藏古寺"等，每一个题目画得最好的，都不是直白的描摹诗句中的景物，而是通过巧妙的构思，让人通过画面，能够领悟到画面之外的意境，所谓"逸情远致，超然于笔墨之外"。比如"乱山藏古寺"之题，占得头名的考生没有画一

秋江渔隐图　（宋）马远

笔寺庙、塔尖等建筑，只有山水、羊肠小路，溪边挑水的老和尚，画面简单但把"藏"的意境表现得淋漓尽致，表达之巧不禁让人拍案叫绝。"踏花归去马蹄香"，最佳的画作是画中一匹骏马缓步走来，几只小小的蜜蜂在追逐着马蹄飞舞。没有花，但追逐马蹄的蜜蜂却泄露了"踏花"这一消息，此画之妙，妙在立意妙而意境深，把无形的花"香"有形的跃然于纸上，主题表达的含蓄而饶有意味，给人联想空间，这就是所谓写意。至于"野水无人渡，孤舟尽日横"的魁首，在船尾画了一个卧吹横笛的船家，只是其闲寂、百无聊赖的状态，就把诗意阐释得恰到好处。

我们可以用欧阳文忠公的《盘车图诗又说》作为北宋时期诗画发展及其

关系的总结："古画画意不画形，梅诗咏物无隐情。忘形得意知者寡，不若见诗如见画。"无独有偶，西方也有"诗如画"的观点，古希腊诗人西蒙德斯就曾说过：诗是有声的画，画是有形的诗。诗与画有着共性的艺术特征，因此其二者的结合也就符合客观规律，是势在必行的事了。诗词与绘画到了北宋，其相互渗透、相互促进，诗里有画、画里有诗的发展势头强劲，将山水诗词、山水画的发展都推向了一个新的高度。而一个时期的园林会向着什么方向发展，总是离不开当时文化环境的左右。诗画的发展会直接影响到园林的发展，更何况诗人画家还直接参与造园活动，这使得中国古典园林走到北宋，园林艺术开始有意识地融糅诗情画意，开始由写实走向写意，文人园林走向兴盛并

盘车图　（宋）佚名

占据主流地位。这一发展特征与北宋的绘画发展特征是完全一致的：写实臻于巅峰，写意异军突起，二者平分秋色，诗画互渗，诗画一律。至于园林，则是写实写意并存，诗画园林互渗，诗画园林同源。

二、借得画论造园林

我们常常用"风景如画"来形容景观之美，用"如在画中游"来赞美园林之胜，甚至有人干脆将园林比喻为是铺在地上的画。"景"和"画"的关系，就如同"水""乳"之关系，一旦交叠在一起，便你中有我、我中有你，再难分得开来。画与园林水乳交融之关系，大概可以体现在以下几个方面：第一，二者同属于文化与艺术范畴，在艺术观、审美观和创作方法上具有非常多的共通之处，所以许多营造园林的人，便常常借用绘画的方法和理论来叠山理水、布置建筑、栽植花木。一些我们耳熟能详的造园理论，其实都来自于画理画论，故现代园林大师陈从周先生说：不知中国画理画论，难以言中国园林。事实上，很多园林便是由文人画家直接参与设计建造的，这就使得画与园林能够互通有无，关系更加直接，其艺术观念和审美理想自然也就如出一辙，并无二致。第二，园林既是绘画的一个重要的描摹、表现对象，又是绘画创作的一个极其适宜的场所。所以，画家们在园林里雅聚、赋诗作画，园林景观自然也就常常出现在画家的绢纸上，园林的生命便得以以另一种同样生动的形式延续下来，所以在一千年之后的今天，我们仍有幸能够通过画图来窥探古时园林之风貌。第三，"以园入画"是绘画的一种创作手法，同样，"以画入园、因画成景"

▶陈从周，原名郁文，晚年别号梓室，自称梓翁，著名的古建筑、园林艺术家，同济大学教授，擅长文、史，兼工诗词、绘画，张大千入室弟子。他揉中国文史哲艺与古建园林于一炉，出版了第一本研究苏州园林的专著，其《说园》五篇，总结了中国园林的理论。1956年，代表作《苏州园林》问世，是第一本研究苏州园林的专著。陈从周提出了"江南园林甲天下，苏州园林甲江南"的论断，抓住了苏州园林的最根本的本质特征——文人园林的诗情画意，并总结归纳了中国园林造园手法，诸如借景、邻虚、屏障、对景等。1978年，将苏州园林局部模制，输出至美国纽约大都会博物馆，即明轩，开新中国以来园林文化建筑对外输出之先河。晚年参加多处园林设计实践，直接参与指导了上海、浙江诸多古园的维修和设计工作。

东园图卷（局部） （明）文徵明

亦是造园的一种创作方式。山水画在北宋的兴起与发展，不仅为造园提供了
大量的理论，更为造园提供了粉本素材。有些园主人会由于非常喜欢某一幅
画而模拟画中情景造园，将画中景物照搬到现实的园林之中，或把某种流派
的画风引为造园的粉本。这种以画入园、以园入画的创作方法使画与园林的
关系变得尤为密切。第四，更为重要的一点是，当绘画与园林同时遇到了知
音伯乐，且这个人又握有挥斥方遒、引领时尚之资本，则二者的发展自是大
有"金风玉露一相逢，便胜却人间无数"之缠绵。这个人就是宋徽宗赵佶。

　　皇帝赵佶酷爱丹青，尤其喜欢花鸟画。《宣和画谱》记录了他收藏的花鸟
画 2786 件，"或戏上林，或饮太液，翔凤跃龙之形，擎露舞风之态，引吭唳
天，以极其思，刷羽清泉，以致其洁，并立而不争，独行而不倚，闲暇之格，
清迥之姿，寓于缣素之上，各极其妙。"他本身就是一个造诣颇高的画家，尤
其对于花鸟画用心颇深。在画风上，贵为皇帝的他，喜欢精工富贵的黄派风
格自不待言，但同时又有着优秀的文人身份的他，又必定会受到方兴未艾的
文人画风的熏染。于是，黄派富贵、徐派野逸之审美同时表现在他的创作之

柳鸦芦雁图　（宋）赵佶

中，如他的传世画作，既有富贵风格的《芙蓉锦鸡图》《瑞鹤图》，又有俊逸淡雅的《腊梅山禽图》《柳鸦图》，既追求刻画高度精准的形似，又讲求自然生动之神似，"生漆点睛法"就是他追求"传神"的独创。

要做到周密不苟的高度写实，功夫在于细致的观察与写生。北宋时期绘画的写实水平及其影响到了何等程度，通过《梦溪笔谈·书画》中记载的一则故事，大概可以让我们感知一二。欧阳修曾得到一幅古画，画的是牡丹丛和一只猫，丞相吴育看到了断定说这是画的正午时分的牡丹，因为花朵完全开放、花瓣散开，且色泽干燥，这是正午时候花的特征。如果是早晨带露的花，花冠则是收拢的，且色泽鲜亮。还有猫眼睛里的黑瞳仁成一条线，这是正午时候的猫眼，早上和傍晚猫的瞳孔则是圆的。可见观察事物之细致，描摹之精准，无论是画者还是观者，都有洞察事物细微变化的敏锐。

宫廷所画花鸟画，描摹的大都为禁苑中所有珍禽、瑞鸟、奇花、怪石等帝王贵胄所偏爱之物，再者皇帝为了画花鸟观察写生之便利，势必会在宫苑中大量豢养珍禽瑞兽，设置奇花异石。这就不难理解为什么在艮岳中会有"枇杷橙柚橘柑榔栝荔枝之木，金峨玉羞虎耳凤尾素馨渠那茉莉含笑之草"，"山之上下，致四方珍禽异兽，动以亿计，犹以为未也"。使得艮岳俨然就是一个天然的大型植物园和动物园。延福宫内也豢养着大量的动物，《宋史·地理志》记载："……梁之上又为茅亭、鹤庄、鹿柴、孔翠诸栅，蹄尾动数千。嘉花名木，类聚区别，幽胜宛若生成。"玉津园则有为饲养珍奇禽兽而专门设置的动物园，园内蓄养着大象、麒麟、驺虞、神羊、灵犀、狻猊、孔

▶ 写生，直接以实物或风景为对象进行描绘的作画方式。从词源的意义上说，"写生"一词是因为美术史上的五代"工画而无师，惟写生物"的腾昌祐到宋"写生赵昌"的历史发展，而获得了在品评上的意义。此后，凡是国画临摹花果、草木、禽兽等实物的都叫写生；摹画人物肖像的则叫写真，而与之相应的有"写心"和"写意"。

雀、白鸽、吴牛等动物，皆为稀世珍品。琼林苑则是以南方花草取胜，园内都是南方进贡的素馨、茉莉、山丹、瑞香、含笑、射香等花，花间点缀梅亭、牡丹亭，还有石榴园、樱桃园等专类花卉植物园。"上有所好，下必甚矣"，皇家园林如此，那些贵戚官僚之园林想必也不会有太大差别。

而山水画及山水画论的蓬勃发展，对园林的发展产生的影响更为深远。郭熙《山水训》开篇即言：

柳雁翠鸟图轴　（宋）崔白

> 君子之所以爱夫山水者，其旨安在？丘园养素，所常处也；泉石啸傲，所常乐也；渔樵隐逸，所常适也；猿鹤飞鸣，所常观也；尘嚣缰锁，此人情所常厌也。烟霞仙圣，此人情所常愿而不得见也。直以太平盛日，君亲之心两隆，苟洁一身，出处节义斯系，岂仁人高蹈远引，为离世绝俗之行……然则林泉之志，烟霞之侣，梦寐在焉，耳目断绝，今得妙手郁然出之，不下堂筵，坐穷泉壑，猿声鸟啼，依约在耳，山光水色，滉漾夺目，此岂不快人意，实获我心哉！此世之所以贵夫画山水之本意也。

观瀑图　（宋）李唐（传）

　　说君子为什么都喜欢山水？是因为隐居在山川林泽，过渔父樵夫的生活，与猿鹤烟霞为伴，有泉石可以寄傲，可以涵养心性，远离人世间的烦扰、喧嚣，没有各种束缚羁绊，这是大家都梦寐以求的生活。但是这种高蹈远引的生活岂是每个人都能够实现的！那么又如何来安抚一颗向往林泉的心？——悬挂山水画，这是郭熙给出的答案，这也是为什么人们喜欢山水画而使山水画大行其道的原因。在屋内挂一张画，便能解了游居山野之渴，这与画饼充饥又有什么两样？在"中隐于园"思想盛行的宋代，显然单凭张贴几张山水

画是不能满足人们对林泉的渴望的。比
挂画更好的办法，是在家中营造园林，
将自然山水搬到自己家中，不仅仅满足
于"可望"之神游，还要真正的可行、
可游、可居，园林，才能够真正做到
"不下堂筵，坐穷泉壑"。郭熙的这段讲
山水画的话，却给出了为什么北宋造园
之风如此兴盛的原因。

　　可行、可望、可游、可居，是世人
之所以渴望林泉的原因，也是郭熙论山
水画高下的标准，这个标准也被造园家
们拿来用做兴造园林的目标和评判标准。
在这种标准要求之下，中国古典园林首
先应该是美的，要有优美的山水植物环
境，其次要有供居住、停驻、观赏的建
筑物以及供游览行走的道路，具备了这
些基本要素的园林则无异于是符合审美
特征的立体图画了。至于园林中的道路、
山、水、建筑如何摆放，从山水画论中
我们也可以找到设计依据。如形容山水
之关系的："山以水为血脉，以草木为毛
发，以烟云为神彩。故山得水而活，得
草木而华，得烟云而秀媚。水以山为面，
以亭榭为眉目，以渔钓为精神，故水得
山而媚。""大松大石必画于大岸大坡之

春山游骑图　（明）周臣

上，不可作于浅滩平渚之边。"形容山水建筑之关系的："主峰最宜高耸，客山须要奔趋。回抱处僧舍可安，水陆边人家可置。""店舍依溪，不依水冲，依溪以近水，不依水冲，以为害。""外师造化，中得心源"是绘画的方法，同样也是营造园林的方法。如何"外师造化"，向真山真水学习？郭熙给出的建议是，唯有"饱游沃看"，方能"取其精粹"而"夺其造化"，方法只有一个，多到真山真水间去游览，观察山水之形状、四时晨昏之变化，将自然物态烂熟于胸才能挥毫自如，画出符合自然规律的真山水画。郭熙提出了"山形步步移""山形面面观"的画论，自然界之中的山，具有多种形态，"欲耸拔，欲偃蹇，欲轩豁，欲箕踞，欲盘礴，欲浑厚，欲雄豪，欲精神，欲严重，欲顾盼，欲朝揖，欲上有盖，欲下有乘，欲前有据，欲后有倚，欲下瞰而若临观，欲下游而若指麾"，所以，在园林内堆叠人工假山，以应尽量模拟自然界中山体存在的多种状态，如此才能达到"虽由人作，宛自天开"之艺术境界，理水亦然。"水，活物也，其形欲深静，欲柔滑，欲汪洋，欲回环，欲肥腻，欲喷薄，欲激射，欲多泉，欲远流，欲瀑布插天，欲溅扑入地，欲渔钓怡怡，欲草木欣欣，欲挟烟云而秀媚，欲照溪谷而光辉，此水之活体也。"从这优美的画论文字当中，我们足可以学到如何经营水景，才能够得自然之意趣，让水景观充满灵性生气，展现不同的魅力。

无论是郭熙的《林泉高致》，还是李成的《山水诀》，荆浩的《山水赋》，都提到了在四时朝暮不同的气象条件下，山水呈现出浑然不同的景观特征。"春山烟云连绵人欣欣，夏山嘉木繁阴人坦坦，秋山明净摇落人肃肃，冬山昏霾翳塞人寂

▶ "外师造化，中得心源"是唐代画家张璪所提出的艺术创作理论。"造化"，即大自然，"心源"即作者内心的感悟。这八个字概括了客观现象——艺术意象——艺术形象的全过程。艺术创作来源于对大自然的师法，但是自然的美并不能够自动地成为艺术的美，艺术的美不是简单的再现模仿，必须先经过画家主观情思的熔铸与再造，融入了主体的抒情与表现，是主体与客体、再现与表现的高度统一。对于这一转化过程，艺术家内心的情思和构设是不可或缺的。

▶ 李成，字咸熙，五代宋初画家，擅画山水，师承荆浩、关仝，后师造化，自成一家。多画郊野平远旷阔之景，画法简练，好用淡墨，有"惜墨如金"之称；画山石如卷动的云，后人称为"卷云皴"；画寒林创"蟹爪"法。作品擅长表现烟霭霏雾和风雨明晦的气候变化中自然山水之灵秀，具有气象萧疏，烟林清旷，毫锋颖脱，墨法精微的特点，对北宋的山水画的发展有重大影响，北宋时期被誉为"古今第一"。存世作品有《读碑窠石图》《寒林平野图》《晴峦萧寺图》《茂林远岫图》等。

▶荆浩，字浩然，号洪谷子，中国五代后梁最具影响的山水画家，博通经史，并长于文章。擅画山水，师从张璪，吸取北方山水雄峻气格，作画"有笔有墨，水晕墨章"，自称兼得吴道子用笔及项容用墨之长，创造水晕墨章的表现技法，为笔墨并重的北方山水画派之祖。所著《笔法记》为古代山水画理论的经典之作，提出气、韵、景、思、笔、墨的绘景"六要"。提出山水画也必须"形神兼备""情景交融"，他的作品被奉为宋图典范，只可惜留存于世的作品极少，且仅有的几幅画也尚存真伪之疑。（见119页）

寂。"按照这个画论造园，应注意如何通过山水植物的配置，来强化春夏秋冬四时景观不同的意境。扬州个园的设计可以说是很好地践行了这一画论。个园主要景点为春、夏、秋、冬四组假山，春山由石笋构成，象征春天的"雨后春笋"；夏山用玲珑剔透、褶皱繁密的太湖石堆叠，有如夏天行云；秋山由纹理刚健、色泽微黄的黄石构成，在夕阳的映照下呈现出金秋之意境；冬山由白色宣石堆叠，石上白色晶粒仿佛冬雪未消，假山背后的墙上开有十二个风音洞，每当有风吹过便会发出啸声，渲染北风呼啸之隆冬意境。四季景观特色突出，真实展现了郭熙画论中的"春山淡冶如笑，夏山苍翠如滴，秋山明净如妆，冬山惨淡如睡"，以及"春山宜游，夏山宜看，秋山宜登，冬山宜居"的画理。

仅仅"外师造化"，即使模

华山仙掌图　（明）谢时臣

早春图　（宋）郭熙

关山密雪图　（宋）许道宁

山水图　（明）宋旭

仿的再像，那也不过只是对自然山水的简单再现，只是技术而已，尚没有体现太多的艺术成分，在唐之前的写实园林大都如此。自唐中叶出现了写意画的萌芽开始，园林也开始从写实走向写意，园林堆山理水不再是简单的模仿与再现自然，而是多了对自然的概括和提炼，开始更多注重内心情感的抒发和诗情画意的创造，这一点主要体现在北宋文人园林的兴盛上。顾恺之提倡的"以形写神"，荆浩的"度物象而取其真"，郭熙的将绘画艺术的美学本性概括为"写貌物情，摅发人思"，都是对"外师造化"的更进一步的要求，即"中得心源"。只有加入了自己对自然的理解、提炼与艺术的加工，才可以做到"本于自然而高于自然"，这是中国古典园林的基本特征，也是中国古典

▶　顾恺之（348—409），东晋画家、绘画理论家、诗人，字长康，博学多才，工诗赋、书法，尤善绘画。精于人像、佛像、禽兽、山水等，时人称之为三绝：画绝、文绝和痴绝。顾恺之作画，意在传神，如画人注重点睛，自云"传神写照，尽在阿堵中"。著有《论画》《魏晋胜流画赞》《画云台山记》，其"迁想妙得""以形写神"等论点，对中国传统绘画的发展有很大影响。与曹不兴、陆探微、张僧繇合称"六朝四大家"，代表了汉代美术得到迅速发展和成熟的人物画艺术。后人论述他作画，意存笔先，画尽意在；笔迹周密，紧劲连绵如春蚕吐丝。唐代张怀瓘对其画评价甚高："张僧繇得其肉，陆探微得其骨，顾恺之得其神。"

园林最基本的美学思想，符合中国人基于寄情山水、崇尚隐逸思想基础之上的审美习惯。

　　山水画理在造园中的应用与体现还有很多。比如说筑山，艮岳的主山万岁山，次山寿山，侧岭万松岭，以及余脉芙蓉城的布列，就体现了画论"大山堂堂为众山之主，所以分布以次冈阜林壑为远近大小之宗主也。其象若大君赫然当阳而百辟奔走朝会，无偃蹇背却之势也"，以及"主峰最宜高耸，客山须是奔趋"的构图规律。在植物选择上，文人画追求"古奇雅"，喜好选择体态潇洒、色彩清隽、有象征意义的植物入画，如松竹梅兰菊之类，这些植物也是在园林里面应用最为广泛的。至于园林的价值在哪里，亦可以套用画论来回答："以林泉之心临之则价高，以骄侈之目临之则价低。"比之将园林当做物质享受甚至斗富的手段，文人园林则更重视精神的陶冶。

身在烟雨中　（宋）米芾

三、园林即文章

佑文抑武政策下宽松的文化环境使得北宋文风非常兴盛，兴盛到连和尚道士都喜欢作诗填词，附庸风雅。进士许洞非常看不惯僧道们的这些"不务正业"之举，就琢磨找个什么机会给他们点教训，于是便组织了一次文化高僧们的赋诗雅聚，但提出了一个要求，他拿出一张纸递给他们，说诗词中不得出现纸上的字，高僧们都不以为然，心想作诗填词这不小菜一碟吗，这有何难！但一看到纸上内容都傻眼了，纷纷搁笔而去，竟没一人能作。只见纸上写着：山水、风云、竹石、花草、雪霜、星月、禽鸟。

这些恰巧都是组成山水园林的元素。由此可见，宋代文人们所作诗词，内容几乎难以离开山水园林之风花雪月，园林诗和园林词已成为宋代诗词中的一大类别，这也是由宋朝文化的特征影响所致。自中唐以后，盛唐所形成的"九天阊阖开宫殿，万国衣冠拜冕旒"的恢宏气度日渐式微，主流文化已开始由外向的拓展转向纵深的内在发掘，盛唐文学中洋溢的那种气吞山河的豪迈，到了宋代则为风花雪月的精微细腻、缠绵悱恻、空灵婉约所替代，内容也由修齐治平转变为对山居、田园闲适生活的吟咏，茶酒书画、文房四宝、花草树木、庭园泉石开始大量的走入诗词文章之中，即使如陆游这样的爱国诗人也未能超凡脱俗，其诗词中的大多数仍离不开这些内容。这从一个方面展现了园林与文学的关系：园林是文学表现的一个重要题材，园林兴游促进了山水文学的大发展。但园林与文学的关系远不止如此简单，还表现在其他多个方面。首先，文学的发展反过来又会影响园林的发展，甚至对园林发展所起的作用是

▶ "九天阊阖开宫殿，万国衣冠拜冕旒"出自王维的诗《和贾至舍人早朝大明宫之作》，全诗如下：
绛帻鸡人报晓筹，尚衣方进翠云裘。九天阊阖开宫殿，万国衣冠拜冕旒。日色才临仙掌动，香烟欲傍衮龙浮。朝罢须裁五色诏，佩声归到凤池头。
这首诗用细腻的手法描绘了大明宫早朝时庄严华贵的气氛和皇帝的尊贵与威严。层层叠叠的宫殿大门如九重天门，迤逦打开，深邃伟丽；万国的使节拜倒丹墀，朝见天子，威武庄严。"万国衣冠拜冕旒"，标志大唐鼎盛的气象。

▶ 王国维，字伯隅，又字静安，号观堂，又号永观，谥忠悫，清末秀才，我国近代享有国际盛誉的著名学者，近现代在文学、美学、史学、哲学、古文字学、考古学等各方面成就卓著的学术巨子、国学大师。近代中国最早运用西方哲学、美学、文学观点和方法剖析评论中国古典文学的开风气者，又是中国史学史上将历史学与考古学相结合的开创者，确立了较系统的近代标准和方法。集史学家、文学家、美学家、考古学家、词学家、金石学家和翻译理论家于一身的学者，生平著述六十二种，批校的古籍逾两百种。

决定性的。比如北宋文人园林的大行其道，就是文学参与造园的直接产物。其次，园林的结构与创作手法与诗文的结构与创作手法具有高度的一致性，故从诗文中又可领悟造园之法。最后，以文入园，因园成文，文中见园林，园中有诗文，这样的例子比比皆是。所有这些都在表明一个关系："文章是案头之山水，山水是地上之文章。"《文心雕龙》有"为情而造文"之说，王国维亦言"一切景语皆情语"，情能生文，亦能生景，其源一也。所以我们说：园林即文章。

宋代园林的最大成就与最突出特色是文人园林的兴盛与发展，文人园林的最大特色是写意，如何在园林中表现诗情画意的情趣，意境的蕴含，以及思想情感的寄寓？除了寓情于景、寓意于物之外，又一种表达方式在宋朝园林里头出现并得到普遍发展，那就是点题，文学化的、写意的额匾题名

桃花源图 手卷 绢本 　（明）陆治

在宋代文人园中大量出现，在园林及园内景点的命名上大做文章，构成了宋代园林有别于前朝园林的又一特色。如司马光将其园命名为"独乐园"，苏舜钦的"沧浪"，朱长文的"乐圃"，晁无咎的"归去来园"，通过匠心独运的命名，来表达自己的人生理想与价值取向，只从名字上便能使人阐发相关联想。虽然同样为文人园林，但唐代的大文豪们则没在命名上面下功夫，如白居易的履道坊宅园、庐山草堂，杜甫的浣花溪草堂，王维的辋川别业等，多简单地以地名称呼园名。

除了园名，宋代园林里面的山、水、亭榭斋馆等建筑，甚至小桥、块石，都有诗情画意的题名，如朱长文"乐圃"中，临水的两亭题名为"墨池""笔溪"，桥名为"招隐""幽兴""西涧"，有浓浓的书卷气和逸趣。沈括的梦溪园，有"萧萧堂""远亭"，有离尘远俗之意。"富郑公园"中，有"探春亭""重波轩"等，以及"丛玉""披风""漪岚""夹竹""兼山"等亭，景名点出了环境特征。

苏州园林名胜图 沧浪烟波 （现代）曹仁容

像这样具有诗情画意的题名在宋代的文人园林里随处可见，并且其影响及于皇亲贵戚的园林。李质、曹组《艮岳百咏诗》中提到的一百余处景点题名中就不乏诗意的命名，诸如"萧森""清赋""清斯""小隐""忘归"之亭，"绛霄""倚翠"楼，"消闲馆""漱琼轩"等，这些题名自然、清新，毫无帝王贵胄之富离气派，呈现的是山林野逸、风雅忘机的美感。

网师园月到风来亭

有些园名和景名则直接来自古人诗文，甚至园林景物就是按照诗词的意境来设置的。

《洛阳名园记》所记李氏仁丰园的"四并亭"，取意于西晋谢灵运所说的"天下良辰、美景、赏心、乐事，四者难并"，前人所说难以同时出现的四件事竟在这里实现了，极言园居之惬意。洪适《盘洲记》中"鹅池""墨沼""曲水流觞"皆为兰亭古迹，在曲水流觞、"一咏亭"举办的活动内容，简直就是兰亭雅集的再现。"琼报亭"周围的景观为"木瓜以为径，桃李以为屏"，显然出自《诗经·卫风·木瓜》："投我以木桃，报之以琼瑶"，"茧翁亭"说的是北宋隐士王樵"茧室自囚"的故事，"桃李蹊"出自古谚语"桃李不言，下自成蹊"，"容膝斋"出自陶潜《归去来辞》"倚南窗以寄傲，审容膝之易安"，"芥纳寮"当是芥子纳须弥之意，而供孙息读书处的"聚萤斋"，则借晋代车胤少时家贫，夏天以练囊装萤火虫照明读书的故事来劝学，还有"云起"景观："花柳夹道，猿鹤后先，行水所穷，云容万状，野亭萧然，可

▶韩琦，字稚圭，自号赣叟，北宋三朝贤相、名将，曾与范仲淹共同率军防御西夏，时称"韩范"。当时，边疆传颂一首歌谣：军中有一韩，西贼闻之心骨寒；军中有一范，西贼闻之惊破胆。韩侂胄（1152—1207），字节夫，南宋政治人物，北宋名臣韩琦之曾孙，曾任宁宗宰相，任内追封岳飞为鄂王，追夺秦桧官爵，力主北伐抗金，因将帅乏人而功亏一篑。因禁绝朱熹理学与贬谪宗室赵汝愚，故被理学家视为奸臣。

以坐而看之"，显然就是对王维"行到水穷处，坐看云起时"之诗句的物化。

陆游所写《南园记》，描写的是北宋宰相韩琦曾孙韩侂胄的园林状况，园内堂、亭、台、榭题名皆出自韩琦诗句，如"许闲""和容""寒碧""藏春""凌风""归耕"等，同时也暗示着园主人功成身退之意。岳珂所筑的研山园，是在米芾的海岳庵遗址上修建而成，为了纪念米芾以及当时其用一方研山砚换得此地，而将园名命为"研山"，园内诸景点名字，"宜之""抱云""清吟""二妙""洒碧""静香""影岚""涤研"等，皆出自米芾的诗句，以表达对园前主人米芾的敬意。

这种题名以及造景方式被后人一直传承延续下来。文徵

留园濠濮亭

明所记拙政园内景点命名便为见证，如"志清处""意远台"皆出自《义训》："临深使人志清""登高使人意远""得真亭"出自左太冲的《招隐诗》："竹柏得其真"，而"怡颜处"，出自陶渊明的《归去来兮辞》："引壶觞以自酌，眄庭柯以怡颜。"表达的都是园主人追求隐逸之思想，高洁坚贞之品格。

还有一种更加写意的命名，并不仰赖山水花木等环境景观，只一馆一屋，一块匾额，一个名字，便可以引发某种林泉之致，从而使这建筑场所成为主人精神的寓所。如苏东坡的"雪堂"、裴度的"四并堂"、韩侂胄的"许闲堂"、李东阳的"怀麓堂"、吴敬梓的"文木山房"、张戒的"岁寒堂"、辛弃疾的"稼轩"，等等，不一而足。这种表达方式的出现，大概跟禅宗的发展有关，受到禅宗"境由心生"禅悟方法的启发，山水景物可以不再只是客观存在的实物，而是人心中的景物，借这种方式实现山林之志似乎更为自由，而意境的蕴涵似乎也就更为宽广、深远。

园林与诗词文学的关系还体现在一处，往往园林建成之后，或园主人，或其好友，或延请名士为园林写传记、诗词、绘画。我们今天之所以能够对古代的园林建设状况有所了解，主要是仰仗了这些流传下来的文献资料，比如通过《艮岳记》和《艮岳组诗》，我们对艮岳的山水格局以及景点布置情况有了较为清晰的认知，而我们对独乐园和乐圃的了解，主要来自其原主人所写的园记。此外还有诸如《沧浪亭记》《梦溪自记》《洛阳名园记》《盘洲记》《南园记》《研山园记》《吴兴园林记》等，为我们研究宋代园林提供了非常宝贵的资料。虽然宋时的园林早已不复存在，但通过这些文字，宋时山水隐隐约

▶ 《沧浪亭记》：宋苏舜钦为自己的园林"沧浪亭"自撰；《梦溪自记》：宋沈括为他在润州（今镇江）的园林"梦溪"所作传记；《盘洲记》：宋洪适为波阳家居别业"盘洲"而记，记载非常详细，录于《盘洲文集》；《南园记》：宋陆游为韩侂胄宅园所作，因此而遭世人诟病，讥其"晚节蔽于不义之浮云"，以至于陆游后人编纂他的文集，也未将此篇录入；《研山园记》：研山园为岳飞之孙岳珂在米芾海岳庵宅园的旧址上修建的私园，宋冯多福作记，其为岳珂的后任；《吴兴园林记》为宋周密（字公瑾，号草窗）记录其常所经游的湖州园林三十六所。

▶ 钱泳，原名鹤，字立群，号梅溪居士。工诗词、篆、隶，精镌碑版，善于书画、作印、碑刻。画山水小景，疏古澹远。有仿赵大年《柳塘花坞图》，藏故宫博物院。著有《履园丛话》《履园谭诗》等。《履园丛话》为笔记之作，共二十四卷，计有旧闻、阅古、考索、水学、景贤、耆旧、臆论、谭诗、碑帖、收藏、书画、艺能、科第、祥异、鬼神、精怪、报应、古迹、陵墓、园林、笑柄、梦幻、杂记等，基本上一卷为一门内容。内容广而杂，所记多为作者亲身经历，即使得诸传闻，也必指出来源，具有较大的参考价值。

拙政园与谁同坐轩

约似乎能够浮现在眼前，甚至还有长衣飘飘的古人，在那里弹琴、吟诗、踏雪寻梅。"山水借文章以显，文章凭山水以传"，说的大概就是这层意思吧。

诗词文章之于园林的作用，不仅是运用景名、匾额、楹联等文学手段对园景作直接的点题，升华园林意境，或者是把古人诗文中的某些境界、场景再现于园林之中，还在于园林空间的规划布置可以借鉴文学艺术的章法结构，使得园林空间序列的展开，亦如文章一般，有前奏、起始、主题、高潮、转折、结尾等，变化有序，节奏清晰，层次丰富，使空间的连贯犹如文章的一气呵成，严谨、流畅、和谐，正如钱泳所说："造园如作诗文，必使曲折有法，前后呼应；最忌堆砌，最忌错杂，方称佳构。"

一篇文章是由词汇组成句子，句子组成段落，段落再组成篇章而构成的，而园林也有园林的字词、句子、段落，安排得当，一座园林即是一篇佳文。

四、西园雅集

最后，我们用一次文人的雅聚来结束对园林、诗词、绘画之关系的探讨。

在中国文化史上，记载有非常多的文人雅集活动，尤其是魏晋自王羲之以来，著名的兰亭修褉活动就成了文人们追逐风雅的范本。又有西晋石崇的诗社，共二十四人，史称"金谷二十四友"，朝夕游于石崇的别墅金谷园中，饮酒赋诗。又有唐代白居易的九老会，北宋文彦博的洛阳耆英会，都是文人的雅聚活动。又五代李昇画《姑苏集会图》、王齐翰画《林亭高会图》、明王绂画《山亭文会图》、沈周画《魏园雅集图》，等等，无疑都是此类雅集活动的艺术写照。甚至还有署名为"天下一人"（赵佶）的《文会图》，可见这种文雅聚会的流行，甚至走进了宫廷皇家。但在中国文化史上，若论文人雅集活动之盛，影响堪与兰亭修褉相媲美者，当非北宋王诜的雅集莫属。

魏园雅集图　（明）沈周

▶ 钤印，中国古代官方文件或书画、书籍上面的印章符号，即加盖印章。按内容分类有姓名斋号印、鉴定收藏印、吉语、诗词佳句、成语印、记时记事印、肖形印等，其意义在于表明所属者对加盖印章之物的拥有权、使用权或认可，是中国独有的特色艺术。

王诜，妻英宗之女魏国长公主，官驸马都尉，虽出身显贵，但因他能书善文、擅画山水，又工棋弈，可谓琴棋书画诗词文章，文人风流集于一身，故而能与京城的馆职词臣、风流雅士情趣相投而往来颇多。他有一个园子，在很多诗词文献中都有提及，《宋史》魏国大长公主传记中描述："主第池苑服玩极其华缛"，李之仪有《晚过王晋卿第，移坐池上，松杪凌霄烂开》诗，从诗中的"华屋高明占城北"可见宅第在东京的方位，"万盖摇香俯澄碧"可见园内池沼水景清澈优美，"阴森老树藤千尺"可见花木之秀茂，"刻桷雕楹初未识"可见建筑之精美，"乱点金钿翠被张"可见陈设之富丽。如此华贵幽雅的环境，正是文化名流交游的理想场所。所以，当时的大文豪如苏轼、黄庭坚、米芾、秦观等人，都曾集会于此，或挥毫用墨，或吟诗赋词，或抚琴唱和，或打坐问禅，极尽宴游之乐，史称"西园雅集"。王诜请善画人物的李公麟，把自己和友人苏轼、苏辙、黄鲁直、秦观、李公麟、米芾、蔡肇、李之仪、郑靖老、张耒、王钦臣、刘泾、晁补之以及僧人圆通、道士陈碧虚十六人在园中集会的情景画在一起，取名《西园雅集图》。在传世画作上后人题跋颇多，有助于我们对这一文化史上的盛事有进一步的了解。比如钤印为"沧湾野叟"陈赓的题跋：

> 园有车马客，冠佩何联翩。偕问地主谁，云是都尉贤。
> 承兮居帝里，池馆犹神仙。娉婷双红颜，侍立春风前。
> 丛竹发高兴，芭蕉备吟牋。苏公眉山秀，逸韵凌云烟。
> 江夏富文藻，张陈相比肩。同游十六人，皎若琼树连。

杯酌石上月，翰飞涧中泉。投情爱仙侣，悟空或谈玄。

赏极思未已，驱车念回旋。旋旋一分手，不觉睽离久。

岂无重来期，胜会更何有。朝廷忌党议，白譬毁青蝇。

惜不解簪组，风波坐相仍。飘零西园苍，颜色为谁好。

水木闲素秋，夕阳满荒草。平原昔豪盛，座客三千人。

一朝散如雨，谁是席上珍。龙眠有感激，为写当时真。

性事付陈迹，披图宛如新。

题跋不仅向我们描绘了集会活动的内容，还交代了园林环境和社会政治环境，读来让人颇多感慨。

米芾还为图作了《西园雅集图记》，描述了画中十六人的不同活动情景，

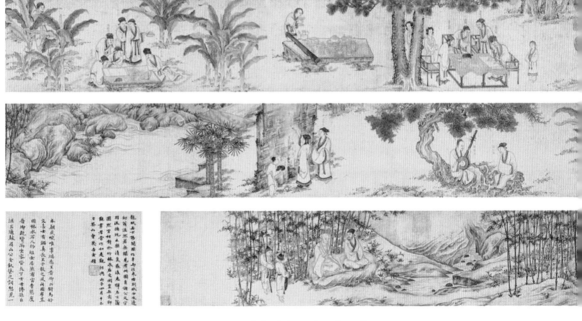

西园雅集图卷 （宋）李公麟

并发议论曰："人间清旷之乐，不过于此。嗟呼！汹涌于名利之域而不知退者，岂易得此耶！自东坡而下，凡十有六人，以文章议论，博学辨识，英辞妙墨，好古多闻，雄豪绝俗之资，高僧羽流之杰，卓然高致，名动四夷，后之览者，不独图画之可观，亦足仿佛其人耳！"

"西园"或许并非王诜府邸宅园的名字，或许就像南浦、西楼、东皋一样，只不过是一个含有典雅韵味的通称，宋人诗词中"西园"一词出现的频率非常高，极易让人联想到宴集宾客的"西席""西宾"之意，还有古人如顾恺之《清夜游西园图》之雅兴，大概不过是为了渲染浪漫与书卷意境而被当时的文人们随手拈来为名吧。就是这样一个园子，成功地将园林、诗、画汇聚到一起，创造了文化史上的一段传奇。进入南宋之后，由于苏轼、苏辙、黄鲁直、李公麟、米芾等都是千而年难遇的翰苑奇才，西园雅集活动更被加以有声有色地渲染，涌现出了大量的文献资料和摹本，著名画家马远、刘松年、赵孟頫、钱舜举、唐寅、尤求、李士达、原济、丁观鹏等，都曾画过《西园雅集图》，使得"雅集"成了中国人物画的一个重要母题。

园林里的文会，享受山水之乐的同时，饮酒品茗、弹琴弈棋、赋诗唱和、

西园雅集图　（明）唐寅

写字绘画，更享受人文之乐。如此既高雅又有意趣的活动，如今能得几回见闻？在羡慕古人的同时，也不禁感慨万千，如此真才学，真性情，真境界者，当今还能有几人？

［链接］

辋　川　别　业

　　辋川别业位于陕西省蓝田县南约二十公里处。这里山岭环抱、溪谷辐辏有若车轮，故名"辋川"。原为初唐诗人宋之问修建的一处规模不小的庄园别墅，王维出资购买时已呈一派荒芜衰败的景象，乃刻意经营，因就于天然山水地貌、地形和植被加以整治重建，并作进一步的园林处理，共成二十处景点。王维画了一幅《辋川图》长卷，对二十处景点做了写真的描绘。

　　王维隐居于辋川别业时，常与裴迪"携手赋诗，步仄径，临清流"，二人同咏辋川孟城坳等二十景，各成五言诗二十首，由王维辑成《辋川集》，并撰写序言云："余别业在辋川山谷，其游止有孟城坳、华子冈、文杏馆、斤竹岭、鹿柴、木兰柴、茱萸泮、宫槐陌、临湖亭、南垞、欹湖、柳浪、栾家濑、金屑泉、白石滩、北垞、竹里馆、辛夷坞、漆园、椒园等，与裴迪闲暇，各赋绝句云尔。"

　　辋川别业有山、岭、冈、坞、湖、溪、泉、沂、濑、滩以及茂密的植被，总体上是以天然风景取胜。辋川别业、《辋川集》《辋川图》的同时问世，显示了山水园林、山水诗、山水画三者之间的密切关系。

孟城坳

新家孟城口，古木余衰柳。
来者复为谁？空悲昔人有。

华子冈

飞鸟去不穷，连山复秋色。
上下华子冈，惆怅情何极！

文杏馆

文杏裁为梁，香茅结为宇。
不知栋里云，去作人间雨。

斤竹岭

檀栾映空曲，青翠漾涟漪。
暗入商人路，樵人不可知。

鹿　柴

空山不见人，但闻人语响。
返景入深林，复照青苔上。

木兰柴

秋山敛余照，飞鸟逐前侣。
彩翠时分明，夕岚无处所。

茱萸泮

结实红且绿，复如花更开。
山中倘留客，置此芙蓉杯。

宫槐陌

仄径荫宫槐，幽阴多绿苔。
应门但迎扫，畏有山僧来。

临湖亭

轻舸迎上客，悠悠湖上来。
当轩对樽酒，四面芙蓉开。

南　垞

轻舟南垞去，北垞淼难即。
隔浦望人家，遥遥不相识。

欹　湖

吹箫凌极浦，日暮送夫君。
湖上一回首，山青卷白云。

柳　浪

分行皆绮树，倒影入清漪。
不学御沟上，春风伤别离。

栾家濑

飒飒秋雨中，浅浅石溜泻。
跳波自相溅，白鹭惊复下。

金屑泉

日饮金屑泉，少当千余岁。
翠凤翔文螭，羽节朝玉帝。

白石滩

清浅白石滩，绿蒲向堪把。
家住水东西，浣纱明月下。

北垞

北垞湖水北，杂树映朱栏。
逶迤南川水，明灭青林端。

竹里馆

独坐幽篁里，弹琴复长啸。
深林人不知，明月来相照。

辛夷坞

木末芙蓉花，山中发红萼。
涧户寂无人，纷纷开且落。

漆　园

古人非傲吏，自阙经世务。
偶寄一微官，婆娑数株树。

椒　园

桂尊迎帝子，杜若赠佳人。

椒浆尊瑶席，欲下云中君。

宣和画院和《宣和画谱》

宣和画院，宋官署名，雍熙元年（984）置。宣和是宋徽宗年号，并不是画院名字，而是指宣和年间的翰林图画院。

早在五代时期，西蜀（891—965）和南唐（937—975）就已经开始设立专门从事绘画的机构——画院。画院由国家直接管理，画院画家以"翰林""侍诏"的身份享受与文官相近的待遇，并穿戴官服，领取国家发放的"俸值"。960年，宋王朝统一中国后，继续设立画院并加以扩大，成立了翰林图画院。原来五代时画院的高手都在宋画院供职。宋代的画院成为全国绘画创作的中心。皇家画院最活跃的时期是从宋徽宗到南迁后高宗、孝宗时期（1101—1189）。画院日趋完备，画院考试正式纳入科举考试之列，以揽天下画家。

宋代画院的兴盛同宋徽宗赵佶有密切关系。赵佶在政治上是一个昏庸无能的皇帝，但在艺术上是有作为的，他对于宋代画院的建设和院体画的发展，对于书画艺术的提倡和创作，以及对于古代艺术的整理与保存，更有突出贡献，称得上是一个"不爱江山爱丹青"的皇帝。他授意编成的《宣和睿览集》共一百帙，总数达一千五百件作品。《宣和画谱》共二十卷，共收魏晋至北宋画家 231 人，作品总计 6396 件。并按画科分为道释、人物、宫室、番族、龙鱼、山水、畜兽、花鸟、墨竹、蔬果十门。每门画科前均有短文一篇，叙述该画科的起源、发展、代表人物等，然后按时代先后排列画家小传及其作品，是一部绘画著录方面的重要典籍，对于研究北宋及以前的绘画发展和作品流传，有一定的史料价值。

盘 洲 别 业

　　盘洲别业在江西波阳，是洪适致仕后安居之地。洪适（1117—1184），南宋金石学家、诗人、词人。在金石学方面造诣颇深，与欧阳修、赵明诚并称为宋代金石三大家。

　　《盘洲记》为洪适自记，是宋代园林的重要文献。洪适还留下很多关于盘洲的词，仅《生查子·盘洲曲》一题就写了十四首。之一："带郭得盘洲，胜处双溪水。月榭间风亭，叠嶂横空翠。团栾情话时，三径参差是。听我一年词，对景休辞醉。"然后从"正月到盘洲"一直唱到"腊月到盘洲""一岁会盘洲"，另有《满庭芳·旧日盘洲》词。

　　从《盘洲记》《盘洲文集》可知，盘洲占地约有百亩，夹在两溪之间，水源充足。园内建筑有洗心阁、叙斋、西泘、一咏亭、竹轩、双溪堂、饭牛亭、鹅池、墨沼、既醉亭、可止亭、种秫仓、索笑亭、花信亭、睡足亭、林珍亭、琼报亭、灌园亭、茧瓮亭、野绿堂、隐雾轩、豹岩、楚望楼、巢云轩、驻屐亭、濠上桥等。盘洲最大的特征是植物种类多，金柑、绣橘、脆橙、海桐、玉茗、素馨、文官、茉莉、水栀、山樊、聚仙、扶桑、杜鹃、丹桂、木槿、山茶、海棠、月季、木樨、棠棣、蔷薇、踯躅、迎春、蜀葵、秋菊、含笑、玫瑰、木兰。此外，还有芍药、石榴、木蕖、海仙、郁李、山丹、水仙、红蕉、石竹、鸡冠等。园中以木瓜为径，桃李为屏，西瓜有陂，木鳖有棚，葱蕹姜芥，土无旷者。园中沃桑盈陌，横枝却月，苍槐挺拔。山有蕨，野有芥，林有笋。就在这个园中，洪适早出晚归，陶醉其间，不胜其乐。

盘洲还有另一个美誉——"我国第一个竹类植物园"，《盘洲记》中记载："两旁巨竹俨立，斑者、紫者、方者、人面者、猫头者、慈、桂、箸、笛、群分派别，厥轩以'有竹'名。"品种之丰，无愧于竹类植物园之称。

"茧室自囚"

北宋大孝子王樵，字肩望，自号"赘世翁"，梓橦山庄人（今山东藏梓村），文武兼备。宋真宗咸平二年（999），契丹兵游掳掠淄川，王樵父母被掳。王樵北去千里寻亲，数年无果。还乡，木刻双亲像葬于梓橦山并守孝六年。王樵守孝期间，总结自己寻亲的经历及对契丹部落的了解，写下了《游边集》《安边集》《靖边集》三部兵书，并上书朝廷，希望采取措施保卫边疆，抵御外族入侵。无奈政局腐败，国仇家恨无处伸张。王樵身心备受摧残，于梓橦山之阴垒砖自囚，叫做"茧室"。后人仰慕王樵的美德，建孝子祠以纪之。

藏梓村位于山东省淄博市淄川区双杨镇，藏梓村的梓橦山是鲁中历史文化名山。传说古时该山生长了大片梓树和橦树，故称此山为梓橦山。梓橦山有鬼谷子、孙膑、庞涓、苏秦、张仪、王樵等历史人物遗迹和传说，更有鬼谷子洞、八棱碑、王樵茧室、玉皇宫、黄岭寺、儒学院、冀经书院等历史文化遗存。苍松翠柏、神泉碧水、怪石突兀的梓橦山，处处充满了神奇和传说。1994 年始，藏梓村对梓橦山进行规划开发，建成占地二百公顷的梓橦山风景区，人文景观与自然景观浑然天成，山为景，景盘山，山景一体，湖光山色交相辉映，红墙碧瓦绿树成荫，二十处胜景错落有致。

金谷园和"金谷二十四友"

金谷园是西晋大官僚石崇的别墅，地处洛阳市。石崇是有名的大富翁，他因与贵族大地主王恺争富而修筑了金谷园。此园随地势筑台凿地，楼台亭阁，池沼碧波，交辉掩映，加上此园茂树郁郁，修竹亭亭，百花竞艳，整座花园犹如天宫琼宇。每当阳春三月，风和日暖的时候，桃花灼灼、柳丝袅袅，楼阁亭树交辉掩映，蝴蝶蹁跹飞舞于花间，小鸟唧啾，对语枝头。人们把"金谷春晴"誉为洛阳八大景之一。

据《晋书·石崇传》记载：石崇有妓曰绿珠，美而艳。孙秀使人求之，不得，矫诏收崇。崇正宴于楼上，谓绿珠曰："我今为尔得罪。"绿珠泣曰："当效死于君前。"因自投于楼下而死。杜牧过金谷园，触景生情，写下了《金谷园》这首咏春吊古之作：

> 繁华事散逐香尘，
> 流水无情草自春。
> 日暮东风怨啼鸟，
> 落花犹似坠楼人。

"金谷二十四友"是西晋时期一个依附于鲁国公贾谧的文学政治团体。《晋书·刘琨传》记载，刘琨、陆机等二十四人，经常聚集在石崇的别墅洛阳金谷园中，谈论文学，吟诗作赋，时人称之为"金谷二十四友"。其中比较出名的成员有"古今第一美男"潘安（即潘岳）、"闻鸡起舞""枕戈待旦"的刘琨、"洛阳纸贵""左思风力"的左思、"潘江陆海""东南之宝"三国名将陆逊的孙子陆机、陆云兄弟，以及欧阳建、郭彰、杜斌、王萃、邹捷、崔基、刘瑰、周恢、陈畛、刘讷、缪征、挚虞、诸葛诠、和郁、牵秀、刘猛、刘舆、杜育等二十四人，他们经常聚集在石崇的金谷园，谈论文学，吟诗作赋，史称"金谷宴集"。

第四章

不只风月

无处不在的园林艺术

文人园林追求风花雪月、诗情画意之情趣，无不建立在一个模山范水、竹木葱茏、亭榭翼然的人造环境之中。自古造园家便把叠山、理水、栽花植木、营造建筑视为造园的四大工程。一座优秀的园林，或以山水盛，或以花木盛，或以亭台馆榭盛，大多都离不开这四者的巧妙组织。它首先是物质的真实存在，凭借着技术与艺术的高度统一，才创造出的这熏风揽月、吟诵风雅的优美人居环境。如果说宋代文化与文学的发展为园林的发展提供了审美与哲理的精神基础，那么，宋代科学与技术的高度发展，则为园林的发展提供了坚实的物质与技术保障。

梁园飞雪图 （清）袁江

在观赏植物的栽培技术方面，宋代出现了嫁接和引种驯化的方式，大大丰富了园林植物的品种。周师厚的《洛阳花木记》记载了二百多种观赏花木，陈景沂《全芳备祖》记载植物三百多种，政府编纂的《太平御览》收录植物四百余种。当时的不少著名文人如欧阳修、陆游、范成大等人也对花木产生了浓厚的兴趣，撰写了不少诸如《牡丹谱》《梅谱》《兰谱》《菊谱》《芍药谱》等类似的专著，为植物在园林中的应用提供了丰富的素材。在建筑技术方面的成就则更是斐然，中国古代建筑史上的巨制——李明仲的《李明仲营造法式》和喻皓的《木经》就完成于宋代。建筑个体、群体、建筑小品形制都得到了极大的发展，出现了丰富多样的样式。仅王希孟的一幅《千里江山图》中，出现的建筑平面就有一字形、曲尺形、折带形、丁字形、十字形、工字型等形式，建筑造型有单层、二层、架空、游廊、复道、两坡顶、歇山顶、庑殿顶、攒尖顶、平顶、平桥、廊桥、亭桥、十字桥、拱桥、九曲

《千里江山图》中的建筑　（北宋）王希孟

▶ 李诚，字明仲，北宋土木建筑家，在《木经》基础之上编纂而成《李明仲营造法式》，获宋徽宗钦批出版，是一部建筑设计、施工的规范书。全书36卷，355篇，共3555条，分为五大部分：名例、制度、功限、料例、图样，几乎包括了建筑工程以及和建筑相关的各个方面，对当时建筑过程中的具体施工操作如石作、木作、雕作、旋作、竹作、泥作、彩画作等均有细致系统的规定，以及关于建筑方面的一些名词解释，附有大量的珍贵插图，提出了一整套木构架建筑的模数制设计方法，对具体营造中的常用数据和计算功限标准的规范说明，是宋代建筑技术向标准和定型发展的标志性文献。

▶ 喻皓在木结构建造技术方面经验丰富，尤其擅长建筑多层的宝塔和楼阁，被欧阳修赞为"国朝以来木工一人而已"。木结构建筑是我国古代的代表性建筑，宋时技术已至很高水平，形成了我国独特的建筑风格和完整的体系。当时建造技术的传播主要靠师徒传授，尚未有专书记述，以致许多技术得不到交流和推广，甚至失传。我国历史上第一部木结构建筑手册——《木经》的问世结束了这种局面，促进了当时建筑技术的交流和提高，对后来建筑技术的发展亦产生了很大的影响。

桥等，以及以院落为基本单位的各种建筑群体组合及其与各种山、水、植物地形相结合的情况。石头在宋代已成为普遍的造园素材，仅杜绾撰写的《云林石谱》就记述了八十六种观赏石的观赏特性、产地、开采方法等，还出现了专门以叠石为业的"山匠""花园子"，叠石筑山的艺术水平大大提高。不仅仅皇帝宋徽宗喜欢石头，创建了伟大的艮岳，民间对石头的品玩鉴赏风气也十分兴盛，苏东坡、米芾等人在玩石上更是狠下功夫，还在玩石的过程中创造了一套完整的品石理论。

植物、建筑、叠山、理水，其科技水平越高，则园林的艺术形式就越丰富，艺术水平也就越高超。园林本是一门精细的艺术，发现园林，就是去发现这些精微，不只是在片山寸石、一花一木、一亭一阁的真实之处，还在于对清风明月、天籁清音的邀约之时。

一、随堤烟柳

植物是园林里色彩与形象最丰富、最富有生命力、最变化多端、最生态、最接近自然、最富有联想力与感染力，最能够让人平和安怡的元素，因此，在园林中的应用也就最活跃，最富有魅力。追求诗意的园林，可以没有山，可以没有水，甚至也可以没有建筑，但是唯独不能缺了植物。只有有了植物，才有了"梨花院落溶溶月，柳絮池塘淡淡风"的空灵，才有了春花夏荫秋实冬梅的四季期盼，才有了残荷听雨、万壑松风的静闻天籁之声，才有了暗香浮动、花气袭人的陶醉，也才有了身处园林的心旷神怡和恬淡自适。可以说，若没有了花木精神，就无所谓园林况味。

还是先从这画中的满城烟柳说起吧。传说当初隋炀帝开凿运河，为了给纤夫遮挡炎炎烈日，在运河边上广种"根可护堤、叶可饲畜、茂可遮荫"的柳树，并赐其姓杨，于是便有了这满堤杨柳，也就有了今日扬州瘦西湖的长堤春柳，东京汴梁的隋堤烟柳。

　　画中的柳树造型奇特，并不像我们常见到的柳树那样婀娜多姿，非但其盘根错节的根部，仿佛写满了历史的沧桑，其树干上更是布满了大大小小的瘤瘤，煞是狰狞可怖。而梢头更是奇特，齐刷刷的像被人砍去了脑袋，这就是独特的汴河砍头柳——柳树固堤的意义，不仅仅存在于其四处伸展的树根，每年的汛期柳枝也被砍来固定堤岸，所以便有了如此古怪的模样。

　　张择端的画柳，不但画出了柳树的形，更画出了柳树的神。人们形容初春刚刚茁新芽的柳树，往往喜欢用一个"烟"字来形容，如周密的"新烟凝碧"，周邦彦的"烟里丝丝弄碧"，周紫芝的"一溪烟柳万丝垂"，宋祁的"绿杨烟外晓寒轻"，辛弃疾的"斜阳正在，烟柳断肠处"，刻画新柳无不惟妙惟肖，情景交融。而张择端笔下的砍头柳，虽然失去了长枝依依的柔美，却因了其新生枝芽之嫩，在苍劲粗陋的老干的对比之下，而愈发轻盈。其团簇向上的新枝，如一抹抹碧云，几欲飘向天空，反倒更加生动地表现了"烟"之

清明上河图（部分）砍头柳　（宋）张择端

▶《幽梦影》如是说："物
之能感政人者，在天莫如月，
在乐莫如琴，在动物莫如鹃，
在植物莫如柳。"
《幽梦影》是清代文学家张
潮著的随笔体格言小品文
集，清代清言小品的代表作
品。张潮把自己对社会人生
的见解，通过一则则格言性
质的短句表达出来，幽默、
睿智、唯美、隽永、精警含蓄、
情趣盎然，读后令人回味无
穷，被誉为"古代国人的心
灵鸡汤"。
张潮，字来山，号心斋、仲子，
清代文学家、小说家、刻书
家，著作等身，有《花影词》
《心斋聊复集》《幽梦影》等。

神韵。

柳树以其柔美的身姿而与天下之至柔的水结成园林千古绝配，又因了每年春天里最早的那一抹新绿而成为咏春伤春诗词里永恒的主题。柳树在沟渠巷陌、在园林、在画里、在诗词之中，有"最是一年春好处，绝胜烟柳满皇都"的繁华，也有"春风依旧，著意隋堤柳，搓得鹅儿黄欲就"的淡淡，还更不知从什么时候开始，随着京城郊外的汴河成为送别之地，河边杨柳百丈枝也有了"隋堤上、曾见几番，拂水飘绵送行色"的依依惜别之情。在多愁善感的文人眼里，甚至那暮春在风中飘飞的"似花还似非花"的柳絮，也成了自由的化身，而在诗词间频频表达追羡之情。王安国的"不肯画堂朱户，春风自在杨花"，就是诗人对自由的向往与宣言。所以后人多评价，柳为植物中最易让人感动、感伤之物。

柳树在园林中的应用，往往是种植在水边或者路旁，而

柳溪琴隐图　（宋）马远

踏雪寻梅图 （清）萧晨

很少像梅花那样做成片成林的栽植。如西湖胜景"苏堤春晓"，堤岸上的一株杨柳一株桃，御街上的榆柳行道树等。

关于梅的最初记载可见于《神农本草经》《诗经》等典籍，但都只说梅子，而不提梅花，《离骚》中虽然列举了非常多的香草瑞木，但也独独不见梅花的踪影，后来虽有关于梅花的诗词文章出现，但都是在贬抑梅花的极易飘落。直到六朝，梅花之美才渐渐走进人们的视野。晋代陆凯从南方折了一枝梅花，不远千里托人带到长安，送给挚友范晔，并附诗一首："折梅达驿使，寄与陇头人。江南无所有，聊赠一枝春。"这是较早的有关梅花的故事，极具清高脱俗与浪漫主义之韵味，注定了梅花必是以不俗之物走进文人骚客的笔端与园中。唐代，其素妍清香以及耐寒的习性始得广为称赞，到宋，人们对梅的喜爱已跃居于桃李兰蕙众芳之首，在园林庭院的栽植也较普遍起来，以至到了南宋，诗人范成大在《范村梅谱》里称梅花为"天下尤物"，说经营园林，首先要种梅树，愈多愈好，其他花木则无关轻重，把梅的地位提高到一个特殊的高度。同时梅花也成为文学文化的一个重要题材而大量地出现在文人雅士的诗词歌赋与绘画之中。

对于植物的欣赏，中国传统文化向有"花木移情"之说，虽然这个概念直到清代李渔在《闲情偶寄》里才明确提出，但与其相仿的君子比德思想则早已有之，几千年来把自然的美和人的精神道德情操相联系，认为山水、花品和人品具有同值性，被比于君子之德。这种思想主要来源于儒家学派代表人物孔子，如"仁者乐山，智者乐

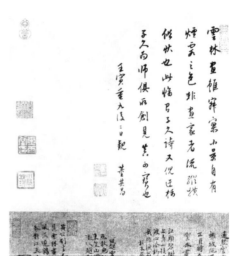

六君子图　（元）倪瓒

水"，"芝兰生于深山，不以无人而不芳"，"岁寒，然后知松柏之后凋也"。道家亦用"上善若水。水利万物而不争，处众人之所恶，故几于道"来号召人们向水学习，君子应拥有如水一样的思想品格。释家同样也有君子比德思想，如将出淤泥而不染的莲花视为佛的化身，认为人与莲没有两样，甚至"翠竹黄花皆佛性，白云流水是禅心"，闻木樨香而能悟道得禅。

拿君子比德思想去看花，在文人眼里，每一种花都有其独立的品格，可以做不同的朋友，宋代诗人曾端伯就有十位这样的朋友，它们分别是：芳友兰花、清友梅花、奇友蜡梅花、殊友瑞香花、净友莲花、禅友栀子花、佳友菊花、仙友桂花、名友海棠花、韵友荼蘼花。植物的品格同样也可以使人得到同化，清人张潮在《幽梦影》里将植物对人的影响做了如下总结："梅令人高，兰令人幽，菊令人野，莲令人淡，春海棠令人艳，牡丹令人豪，蕉与竹令人韵，秋海棠令人媚，松令人逸，桐令人清，柳令人感。"

所以在园林里，梅花也就不仅仅只是一种在严冬绽放的、有着幽幽清香的花，更重要的是园主人将其不畏严寒、清雅、高洁、独占寒冬的精神品行拿来自况、自勉。

苏轼由于乌台诗案被贬至黄州，生活十分拮据，便在城东借了数十亩荒坡地开垦种田，因仰慕同在东坡耕作过的白居易，故自号"东坡居士"。经济上的困顿因田产供给而稍有缓解，精神上的郁闷，便用经营花木，寄情诗歌来解脱。一次，黄州知州徐君猷来看望苏轼，见其居所四壁画满了雪花，甚是冷清萧瑟，便问他是不是太寂寞。苏东坡指着满院的松柏梅竹笑答："风泉两部乐，松竹三益友"，看这满园花木皆是好友，

▶ "闻木樨香"是禅宗极有名的一个故事。山谷（黄庭坚）师从晦堂大师学禅多年无所获。一日问大师有没有什么更好的办法参禅？大师问他念过《论语》没有，答曰当然念过。晦堂说："你既然读过《论语》，可知'二三子，以我为隐乎？吾无隐乎尔。'"大师意思是我随时随地都在教你啊，你还不明白，我有什么办法啊？山谷更是茫然。一年秋，木樨（即桂花）盛开，大师看山谷在旁边，便摆一摆袖子，自己往山门外走去。山谷莫名其妙，只好跟在后面，晦堂不理，故作不知。走着走着忽一回头，问"闻木樨香否？"答："闻。"晦堂大师瞪起眼睛，说："'二三子，吾无隐乎尔。'"山谷由此恍然而悟，找到心性的本源。《五灯会元》记载了这个故事。

▶ 苏轼非常钦佩仰慕白居易，常常在诗词中以乐天自比。白居易被贬忠州刺史时，也曾在城东的山坡栽种过大片荔枝，并作《东坡种花》《步东坡》等诗，苏轼的荒地恰好也在城东，出于对白居易的钦佩仰慕，于是苏轼就给这块地取名"东坡"，自号"东坡居士"，才有了流传千古的"苏东坡"这个名字。

东坡寒夜赋诗图卷　（明）仇英

哪里还有什么寂寞！苏轼在逆境中用"松竹梅"自勉，秉持其不失凌霜傲雪的高尚情操而愈加受人尊崇。从此，就有了"岁寒三友"之说，松竹梅象征着玉洁冰清、傲立霜雪之精神以及长青不老之生命。

苏轼是十分爱梅的，有诗云："罗浮山下梅花村，玉雪为骨冰为魂。纷纷初疑月挂树，耿耿独与参黄昏。"而历史上另一个最爱梅，堪称梅痴的人也出在北宋，他就是以梅为妻的隐逸诗人林逋，其诗"疏影横斜水清浅，暗香浮动月黄昏。霜禽欲下先偷眼，粉蝶如知合断魂"，当是咏梅诗中千古之绝唱，林逋之后，人们常以梅花喻高人逸士。南宋《范村梅谱·后序》中言："梅以韵胜，以格高，故以横斜疏瘦与老枝怪奇者为贵。"此赏梅标准当是林诗意境的通俗注解。而晁补之的《盐角儿·亳社观梅》，则融梅花的色、香、形之姿，疏斜之态、淡雅之韵，高洁之格于一词之中，暗寄自我之情操。

开时似雪，谢时似雪，花中奇绝。
香非在蕊，香非在萼，骨中香彻。
占溪风，留溪月，堪羞损、山桃如血。
直饶更、疏疏淡淡，终有一般情别。

北宋皇帝最是爱附庸风雅。宋徽宗在艮岳万岁山的南麓也"植梅万数，绿萼承跗，芬芳馥郁"，形成梅岭，并建绿萼华堂其下（宋徽宗《御制艮岳记》）。绿萼梅是当时最名贵的品种，冰清玉洁的梅花到了皇家园林里也不得不替皇家彰显气派。梅花虽贵横斜疏瘦，但也常以大面积栽种而盛名，扬州梅花岭、苏州邓尉、无锡梅园、杭州西溪、武昌梅岭等，都是今日赏梅胜地。

与梅相比，岁寒三友之"竹"，因为

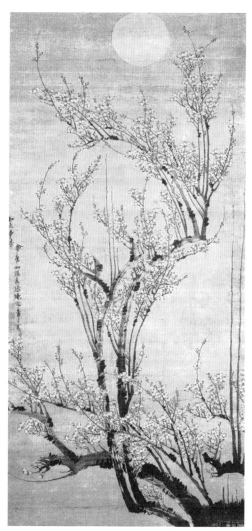

玉兔争清图　（明）陈录

▶ 本固：竹子扎根牢固，让人想到坚定不移的意志；性直：竹竿挺直不屈，让人想到处事正直、不偏不倚；心空：竹子的内心是空的，使人虚心求道；节贞，竹子有节，象征着节气、坚贞，可让人想到砥砺名节、始终如一。这些都是有道德修养的贤者所具有的美好品德，所以君子们多喜欢在庭院中植竹子以自勉。

这几个概述竹子的词来自白居易的《养竹记》："竹似贤，何哉？竹本固，固以树德，君子见其本，则思善建不拔者。竹性直，直以立身；君子见其性，则思中立不倚者。竹心空，空似体道；君子见其心，则思应用虚者。竹节贞，贞以立志；君子见其节，则思砥砺名行，夷险一致者。夫如是，故君子人多树为庭实焉。"

其"本固、性直、心空、节贞"似贤者而得到更多人的青睐，园子里种竹动辄以数十亩、上万竿计，哪怕是在小小的庭院里，也要植上一丛，《清明上河图》中赵太丞家便种了满院翠竹。苏轼被贬黄州时，由于经济拮据，苏小妹便多开了一块

▶ 出自苏轼《定风波·莫听穿林打叶声》
莫听穿林打叶声，何妨吟啸且徐行。竹杖芒鞋轻胜马，谁怕？一蓑烟雨任平生。
料峭春风吹酒醒，微冷，山头斜照却相迎。回首向来萧瑟处，归去，也无风雨也无晴。

荒地打算种上庄稼，不料却被苏东坡用来种了竹子，还做了一首诗来陈述理由："宁可食无肉，不可居无竹，无肉令人瘦，无竹令人俗。"天然不加雕饰、近乎白话的诗句表达了竹子对于园主人的重要性，更表露了诗人潇洒面对清贫，追求自然、高尚、乐观之精神。他还写过另外一首《竹》诗，是在其因乌台诗案而身陷囹圄之时，有一天看见窗外竹枝摇曳，心生感悟而作，则更托物言志，借竹之姿态直接表露自己虽处境"魂惊汤火命如鸡"，却坚守竹般柔韧刚毅、气节凛然之品格。"萧然风雪意，可折不可辱。风霁竹已回，猗猗散青玉"，南风起时，无可奈何的竹子只得任其摆布，但宁可折倒受尽摧残，也不接受任何侮辱，等到肆虐的风雨停歇，竹子依然玉立婷婷，

题竹图　（明）杜堇

伟岸潇洒，不管经历多少风霜雨雪，终归"回首向来萧瑟处，也无风雨也无晴"的安然自若。这是竹子的气节，更是苏轼的心灵独白，精神写照。

"未出土时先有节，纵凌云处亦虚心"的竹子，因其具有如此之多的美德，自古至今一直被风流名士、文人雅士作为理想的人格化身而出现在众多的园林之中。唐王维的辋川别业有"斤竹岭""竹里馆"，主人每每享受"独坐幽篁里，弹琴复长啸。深林人不知，明月来相照"之闲逸；白居易也因"水能性淡为吾友，竹解心虚即可师"而"窗前故栽竹，与君为主人"；司马光不仅仿效"不可一日无此君"的王子猷，在独乐园中建了种竹斋，还充分发挥竹子高挺、柔韧之特性，将竹子梢头捆扎在一起，建成了一方一圆两座"生长的建筑"——采药圃和钓鱼庵，还建了一条竹子的步廊，煞是别出心裁，玩出了花样，更玩出了独有的意境；苏舜钦的沧浪亭，也是广植翠竹，"澄川翠干"，"无穷极"，以竹言志，表达自己志于隐逸之人生态度。"竹篱茅舍"

独乐园（局部）竹屋采药圃　（明）仇英

▶ 竹林七贤：阮籍、嵇康、刘伶、向秀、阮咸、山涛、王戎名士玄学代表，以任情放荡、玩世不恭的态度、狂狷的行为来反抗礼教的束缚，寻求个性的解放。

竹溪六逸：开元二十五年（737），李白移家东鲁，与山东名士孔巢父、韩准、裴政、张叔明、陶沔徂徕山竹溪隐居，世人称他们为"竹溪六逸"。

同样作为隐逸的代名词，隐士的象征，自魏晋风流竹林七贤便已开始，更何况还有盛唐的竹溪六逸。

故竹子在文人园林中的象征意义要大过其姿态美、自然美之景观意义。一生未受重用的北宋进士许洞，为表自己特立独行之操守，在书斋前种竹，但只种一根，时人称之"许洞门前一竿竹"，的确与众不同。寇准被丁谓陷害贬雷州途经湖北公安时，剪了一截竹子插在神庙前，志曰："我如果有负朝廷，此竹必不生。若不负国家，此枯竹当再生。"其竹果生。公安县人民怀念寇准德政，纷纷插竹为祭，竟然蔚然成林，因此为寇准立祠，并将此竹命名为相公竹。迩英阁，宋代禁苑宫殿，是文官为皇帝讲学之地，前槐后竹，在竹林间，还设有小讲堂隆儒殿，文的标志。曾肇有诗云："凤尾扶疏槐影寒，龙吟萧

竹溪六逸图　（清）金廷标

瑟竹声干。汉皇恭默尊儒学，不似公孙见不冠。"在皇家园林里竹子则更多，如艮岳有竹冈、斑竹麓，竹林覆盖整座山岗，难以计数。

　　从唐朝的文人园林，一直走进了北宋的诗词绘画，竹子成为宋代文人画中一个重要的题材。苏轼向文同学习画竹，提出了"胸有成竹"的绘画理论，其讲求神似高于形似的画论，反过来又影响园林向着追求意境的写意方向发展。

　　在园林中成片成林的栽植植物，营造自然特色，是宋园林植物造景的主要特点，除了上面提到的梅岭梅园、竹冈竹麓，艮岳中的许多景点如遍植杏树的杏岫、栽植丁香的丁嶂、有龙柏万株的龙柏坡以及海棠川、万松岭、梅渚、芦渚、榴花岩、枇杷岩、蜡梅屏、椒崖、辛夷坞、橙坞、仙李园等，都是以大量的栽植植物为主题营造的景点。但在宋园林营造中同时亦讲究对植物个体美的表现与欣赏，主要体现在庭院内的芭蕉、竹石、梧桐、花木小景的刻意经营上。苏汉臣的《秋庭戏婴图》，庭院中盛开的芙蓉、雏菊环围着挺拔高耸的太湖石，塑造了朴野而不失精致的秋院风景；陈克词中"绿芜墙

秋庭戏婴图　（宋）苏汉臣

芭蕉美人图　（明）姜隐

绕青苔院，中庭日淡芭蕉卷"的院落，因一树静默的芭蕉而从容静雅，悠然自得；李清照的幽深庭院，不知"窗前谁种芭蕉树，阴满中庭"，映入眼里的"叶叶心心"，皆搅动心底"舒卷有余情"，更是韵味隽永，意境深长。而有"植物中清品"之美誉，能邀约凤凰之浪漫的梧桐，也是庭园栽植中备受欢迎的品种。宋代园林之所以能够具有文人之雅致特征，跟园林里这些有着雅致品格的植物不无关系。

宋人爱簪花，从这个习俗可见宋人爱花，宋代观赏花卉之风盛行，随着花木观赏进入文人士大夫的精神生活领域，园林中花木的栽培也开始十分的兴盛起来。就连一生忧国忧民的爱国词人辛弃疾，也有"却将万字平戎策，换得东家种树书"之诗篇。北宋时洛阳的花园最盛，素有"花城"之称，尤以牡丹著名，"凡园皆植牡丹"。欧阳修官居洛阳之时，自称洛阳花下客，其作《洛阳牡丹记》不但详细记述了当时牡丹之花品、花名，还记述了洛城赏花之盛："洛阳之俗，大抵好花。春时，城中无贵贱，皆插花，虽负担者亦然。花开时，士庶竞为游遨，往往于古寺废宅有池台处为市井，张幄帘，笙歌之声相闻，最盛于月陂堤、张家园、棠棣坊、长寿寺东街与郭令宅。至花落乃罢。"李格非《洛阳名园记》记载的唯一一处寺庙园林，天王院花园子，就是一座当时最著名的牡丹园，"盖无他池亭，独有牡丹数十万本……至花时，张幕幄，列市肆，管弦其中。城中士女，绝烟火游之。"花于人的魅力是无法抗拒之诱惑，今日仍有许多以花著名的景点，单拿北京来说观花名胜就有玉渊潭的樱花、卧佛寺的碧桃、景山牡丹、天坛丁香、大觉寺的玉兰，花开时节人们会纷至沓来，熙

春社醉归图　（宋）李唐

▶周敦颐，字茂叔，号濂溪，北宋著名哲学家，学术界公认的宋明理学开山鼻祖，他的理学思想在中国哲学史上起了承前启后的作用。周敦颐酷爱雅丽端庄、清幽玉洁的莲花，曾于知南康军时，在府署东侧挖池种莲，名为爱莲池，池宽十余丈，中间有一石台，台上有六角亭，两侧有"之"字桥。他盛夏常漫步池畔，口诵《爱莲说》，自此莲池名震遐迩。

熙攘攘，仿佛赶赴一场花的盛宴，热闹不亚于过节。

还有一种花，因北宋文人周敦颐的一篇文章而名扬千古，因其"出淤泥而不染，濯清涟而不妖，中通外直，不蔓不枝，香远益清，亭亭净植，可远观而不可亵玩焉"而成为千万文人吟咏、描摹之对象，也成为园林几乎不可或缺之风雅之花，挺立怒放于盛夏大大小小的池塘之中，像圣洁的女神，有着洁身自爱、不与世俗同流合污的高洁人格，她就是莲，又常被称作荷、菡萏、芙蓉、水华，等等。

作为园林四大构景要素中唯一有生命的要素，植物是最能体现晨昏朝夕、四时变化的要素，也是最能体现大自然生态

圆明园四十景图之濂溪乐　（清）

环境、体现人与自然关系的主体要素而在园林营构中占据着最重要的地位。苏东坡曾这样评价园林中建筑和花木的关系："台榭如富贵，时至则有。草木如名节，久而后成。"和计成《园冶》"雕梁飞楹易构，槐荫挺玉难成"之论不谋而合。到了今天 21 世纪这个把"生态""可持续发展"作为主题的世纪，人们更加的向往自然，提倡自然美，植物在园林中的地位也愈加的重要。充分发挥植物的生态作用，利用植物造景已经成为现代景观设计的基本原则之一，英国的谢菲尔德公园则直接告诉游人：来这里不是让你欣赏喷泉、建筑

▶ 谢菲尔德公园是英国南部一个美丽的花园。园内四个大湖泊高低不等，以数道小瀑布相连。整个花园以缤纷的植物色彩而闻名，尤以秋色美不胜收。

南山积翠图 （清）王时敏

等园林设施的，而是让你欣赏植物景观的。

　　人们对植物的喜爱，应该是源于一种集体无意识，缘于树木与原始农业的关系，"木者春，生之性，农之本也"。在商周时期，古人便把树木看作一个民族、一个部落的象征，把松树、柏树、栗树作为夏、殷、周的社稷之木。而今天的我们，面对森林快速消失、青山逐渐荒芜，能否重拾古人对树木的重视与崇敬，重新构建一个人与自然和谐相处、共同繁荣的生机勃勃的世界？

二、分水裁山

　　自古，我们常常喜欢把景观或者园林叫作"山水"，唐时还把居住坊里的宅园或游憩园叫作"山池院"，明代计成在《园冶》中两次提到营建宅园之法，"可效司马温公'独乐'制"，挖地成池，堆土为山，"约十亩之基，须开

长江万里图（部分）　（宋）夏圭

池者三……垒土者四"，可见园林讲究山水并盛似乎已经成了造园约定俗成的习惯。

山水之盛，在乎山也在乎水，园林无山则不灵，无水则不秀，山水本来一体，殊难分离，所谓"山得水而活，水得山而媚"。山环水抱、山清水秀、山高水长，从古人对山水的这些形容中，似乎山与水从来都是相依相随，你中有我，我中有你。山势磅礴、水势萦纡，这是大自然的美，是古人的审美观，也是古人营造园林的审美观。所以中国古典山水园林才有了崇尚自然，"虽由人作，宛自天开"之特征，在世界独树一帜。

中国独有的"君子比德"思想，还常常把山水作为道德精神比拟的象征来加以欣赏，把山水泽生万物的自然属性等

▶ 君子比德，中华民族在对自然美的欣赏上，几千年来经常把自然的美和人的精神道德情操相联系，这种思想主要源自孔子，除了大家熟知的"智者乐水，仁者乐山"，对于花木的比德，孔子就曾说过"岁寒，然后知松柏之后凋也""芷兰生于深林，非以无人而不芳"。对于水，孔子将水所具有的诸多特性，比德于君子所具有的德、仁、义、智、勇、善、正等十一德。老子更说"上善若水"，水具有一切上善之德，这同样是从人的伦理道德观点去看自然现象，把君子所具有的人格美德赋予山水植物等自然，把自然现象看作是人的某种精神品质的对应物，以此来教化世人。

同于君子理想的德行操守，使大自然形成的山水也具有了如君子一样高尚的人格，从而导致人们对山水的尊重与移情。孔子将水喻为智者，将山喻为仁者，"智者乐水，仁者乐山"成为人们游山玩水之自况。樵夫钟子期从一曲高山流水听懂了伯牙的"巍巍乎志在高山""洋洋乎志在流水"，而令"高山流水"成为知音之象征。屈子的"沧浪之水清兮可以濯我缨，沧浪之水浊兮可以濯我足"，使沧浪成为隐者。山水之所以得到人们尤其是文人的喜爱而广泛出现在园林里则是不言而喻之事了。因此，山与水在中国古典园林里也便成了最主要的组成元素，相应的，堆山理水、分水裁山也便成了园林创作中的最主要的两项工作。

高山流水图　（清）梅清

　　理水，就是在园林里头营造各种水景。水本身是没有固定形状的，其呈现给人的视觉形状，是由地形、岸线、流量、容积、容器的形状决定的，因此，水得以各种各样的形态存在于大自然中，灵活多变，神秘莫测。汩汩的泉水，幽谧的山涧碧潭，潺潺的溪流，奔腾的激浪，飞流直下三千尺的瀑布，烟波浩渺的江河湖泊，莽苍的大海，或静或动，或恢宏或秀绮，或豪迈或婉约，或忧伤或浪漫，不拘何种

月夜看潮图 （宋）李嵩

▶ 世界四大古文明发祥地：
古中国文明发源于黄河流
域，古埃及文明发源于尼罗
河流域，古巴比伦文明发源
于幼发拉底河和底格里斯河
两河流域，古印度文明发源
于印度河、恒河流域。

形态，都具有不可抗拒的吸引力。见到水人们便会急不可待地
趋近，这不仅是一种先天本能，更是一种已深深融入骨血里的
文化本能吧。水，不仅是生命之源，更是文化之源。

古人理水，擅向大自然学习，自然界各种各样的水之形
态，都成了人们营造水景的范本。尤其到了宋代，模山范水的
写实技术达到了高峰，除了汪洋海洋，内陆中存在的所有天然
形态的水，几乎都可以在园林中找到。艮岳就是这样一个水景
集大成者。

▶ 宣和四年（1122）艮岳初成，宋徽宗诏睿思殿应制李质、曹组二人分别为艮岳作赋，之后又写了《艮岳百咏》诗一组，对艮岳的一百个景点逐一描摹赞美。

艮岳北依景龙江，《艮岳百咏诗》《景龙江》诗云："润通河汉碧涵空，影倒光山晓翠重。闻说巨鱼时骇浪，只应风雨是神龙。"站在万岁山上北望景龙江，远岸长波，十里如练，尽收眼底，无限壮阔恢宏，悉入园中。从景龙江上游引水入园，大概模拟唐长安的曲江池，先建了一个曲江，江中筑岛名蓬壶，上建蓬莱堂。盖取意于"一池三山"之模式，让人产生"忽闻海上有仙山，山在虚无缥缈间"之联想，这是对长生不老的追求，与万岁山之"万岁"、寿山之"寿"遥相呼应，是为游园之前奏。然后小溪潺湲，一路向东，又折而西返，名曰回溪，水中"芙蕖菡萏，筹蓼芳苓，摇茎弄芳，倚靡于川湄。蒲菰荇藻，茭菱苇芦，沿岸而溯流青苔绿藓，落英坠实，飘岩而铺砌"（宋徽宗《艮岳记》），水际建高阳酒肆，一派村野风光豁然眼前。这是进入景区的铺垫。随后湍流通过一个石口喷薄而出，如白龙飞入山间，此景名叫白龙泮，引导人们渐入佳境。溪水继而分为两支，一支环绕万松岭向西向南流入凤池，一支进入万岁山和万松岭两山之间的峡谷——濯龙峡。依山就势，在山间又形成洞庭、壶口、丝溪、仇池等深渊，而后汇入万松岭前大方沼，沼中有芦渚、梅渚二洲，洲上分别有浮阳、云浪点景二亭。水出大方沼，形成瀑布跌落至园内最大的水池——雁池，瀑布悬挂于两池之间，如风中飞练，磅礴而飘逸，名濯龙瀑。李质《艮岳赋》中这样形容其壮美："骇白龙之喷激，落银汉于九天。泻乌龙之垂溜，注雁池于石间。"此外还有梅池、砚池、鉴湖、桃溪、滴滴岩、不老泉等水景，如一颗颗明珠散落苑内山间。水出雁池，经寿山东麓流出园外，至此形成一个完整的园林水系。在这个庞大的水系中，有江、河、湖、沼、塘、溪、汧、潭、瀑、泉、涧，既有溶溶大波，水天澄澈，又有深潭涌泉，山高水险；既有湍濑激瀑，穿石出罅，又有潺湲细流，萦纡如线。真是"纷川泽之沮洳，限江湖之渺茫"，虽人力所为，但直若天造地设。

开封城内除汴河外，还有蔡河、五丈河、金水河共四条河流贯穿开封全城，时称四水贯都。充沛的水源为园林用水提供了便捷的条件，"引活水入园"也便成为开封园林理水的一大特色。私家园林虽然达不到皇家如此气势，但也丝毫不影响园主人对水的热爱与追求。大宦官童贯的宅园，"其家园林池沼，甲于京师"，《洛阳名园记》所记载十九处园林中，明确提到有水景的有十四处，有些园子甚至以水景胜。其中的大字寺园建于白居易的履道坊宅园旧址之上，唐时的厅堂建筑已不见，但水应该还是唐时的水，氤氲直至宋代，水景依然甲洛阳。文彦博的东园，"水渺弥甚广，泛舟游者如在江湖间也"，水面之大，也堪称广阔。王拱辰的环溪，园名直接就反映了水的形状与园的结构布局：一方大水池占据了园中心的大部分面积，水中一块大洲将水分为南北两个水池，东西小溪相连成环，可以泛

▶ 童贯，字道夫，汴京人，"性巧媚，善逢迎"，北宋权宦、大奸臣、"六贼"之一，是中国历史上掌控军权最大、获得爵位最高的宦官、第一位代表国家出使的宦官、被册封为王的宦官。

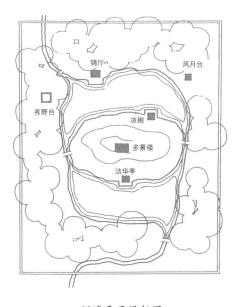

环溪平面设想图

舟其上。裴度的园子则直接叫作"湖园"，水泉多而宏大。可见宋代私家园林依然具有恢宏、自然之特征。除池、湖之外，私家园林中也可见流溪、飞瀑、涌泉等多种水体形式，甚至还出现了类似现代喷泉的景观。董俨东园的"醒酒池"，"水四面喷泻池中，而阴出之，故朝夕如飞瀑，而池不溢"。池中有暗沟排水，所以水不会溢出，这个不难理解，但究竟水是如何持续从四周喷泻而出的就不得而知了，大概利用了压强的原理，古人的智慧远远超出我们的想象。

既然是文人的园林，除了以自然之景观营造诗情画意之外，还应该少不了文人雅逸之活动。不少园子里头可见"流杯"水景，大概是效仿古人，行"曲水流觞"之聚。则湖光山色的园林之中，又平添了几分书卷气而变得温文尔雅起来。本来，水性生情，水是最具浪漫主义感性色彩、最易让人心生感慨之物，"欲追林下骚人意，却是临流得句多"，同样为山水，出自同一个人的笔下，可以是"乱石穿空，惊涛拍岸"之激荡，也可以是"山高月小，水落石出"之静谧；可以有"行到水穷处，坐看云起时"之禅意，也可以享"兴尽晚归舟，误入藕花深处"之乐事；有"风乍起，吹皱一池春水"之闲愁，亦有"黄河之水天上来，奔流到海不复回"之豪情。北宋的园林，便在骚人墨客的弄诗作画中走向追求意境的文人化，而文人们，在这湖光交错之中也赋得了多少文章佳句。如今，宋时的园林早已不再，但文章诗词却被传唱了几个世纪，留给后人一个瑰丽璀璨的文化宝库。

在古人眼里，山能吞云吐雾、兴风作雨，山上住着神仙，山是圣贤祖先发祥地等等种种的神秘莫测，让人对山岳充满了敬畏，因而产生了原始的"山岳崇拜"，山成为精神力量的中心。在帝王眼里，山最高，离天最近，是通天之路，作为天之子的人间最高统帅，"天子"的封禅活动便成了皇帝巩固和捍卫皇权的宣言。山作为地球上最高大雄壮的物体，是权势和地位的象征。在隐士眼里，山林清幽奇旷，远离尘嚣，可骋怀荡目，洗心涤虑，是避世隐

坐看云起　（宋）夏圭

逸的最佳场所。在老百姓眼里，山有林木，物产丰富，是衣食生活之保障。故此，出于对山的崇拜、向往、喜爱与依赖，渐渐地人们便把大自然之中的山"搬"到了人工营造的第二自然——园林里。

叠山，便是在园林里人工堆筑假山的活动。园林中的假山大概有三种情形：土山、石山和土石山。早期的人工假山，多是以土堆成。到宋代，以摹写自然为主的写实式假山达到最高水平，并开始用天然石块堆叠假山，宋人周密在《癸辛杂识》中记载："前世叠石为山，未见显著，宣和艮岳，始兴大役。"虽然早在西汉时期就已有"构石为山"的做法，但开启大规模的以太湖

雁荡山图卷　（明）叶澄

石叠山时代的人，则是宋徽宗赵佶。宋时并开始出现了专以叠石为业的"山匠""花园子"，叠石技艺大为提高，师法自然是其主要手法和特色。到明清，以石叠山成假山主流，追求形似的写实手法逐渐转向追求神似的写意山水，

豫园大假山照片

到清达到高潮，"一峰山太华千寻""一拳代山，一勺代水"成为最高美学准则，具有象征意义的假山被大量运用于园林中。可以这样说：中国的造园艺术史，亦是一部人工造山的发展史。

　　艮岳的万岁山，最先便是堆土而成，后来随着江浙一带的太湖石、灵璧石源源不断地由花石纲运来，逐渐堆叠添加，最后建成了一座土石山，包含有峰、嶂、山、峦、岭、岫、冈、阜、岩、谷、屏、壁、磴道、石、洞、峡、蹊等各种自然山岳景观中所包罗的山体形式，在都邑纷华之地，藏十洲、三岱之奇。工程之浩大史无前例，技艺之登峰造极，几可以假乱真。连徽宗也赞叹不已：

▶ 引自宋徽宗《艮岳记》

　　　　若在重山大壑，幽谷深岩之底，而不知京邑空旷，坦荡而平夷也；又不知郛郭寰会，纷华而填委也。真天造地设，神谋化力，非人所能为者。

虽然万岁山是模仿余杭的凤凰山而建，但其模仿，已不再是简单的重现自然，而是经过了艺术的提炼、加工之后的表现自然，源于自然而高于自然，开始向着艺术审美的深层次——内涵的境界发展。艮岳的占地面积只有十余里，万岁山也不过高九十步，但其园林艺术表现却是"峰峦崛起，千叠万复，不知其几千里"，一隅之形势，若千里之封圻，堪与泰、华、嵩、衡等同，其象征意义更加明显，其人工营造自然之功力，通过以下几首咏艮岳景点的诗可以稍有体会。

跨云亭

地高天近怯凭栏，下视浮云咫尺间。
只怪轻雷起岩际，不知飞雨过山前。

麓云亭

山下深林起白云，白云飞处断红尘。
伴行直到高峰上，舒卷纵横不碍人。

环山馆

峰峦回合耸云屏，岩霭溪光面面横。
开户忽惊千仞翠，凭高方见九重城。

漱琼轩

浅碧分江入众山，山深无处不潺潺。
开轩最近寒溪口，喷薄松风向佩环。

玉霄洞

披香寻径百花中，蝶引蜂随路不穷。
但见凌霄缠古木，洞天应与碧虚通。

清虚洞天

玉关金锁一重重，只见桃源路暗通。
行到水云空洞处，恍如身世在壶中。

飞来峰

突兀初惊倚碧空，翠岚仍与瑞烟重。
吴侬莫作西来认，真是蓬莱第一峰。

至于私家园林里的假山，宰相王黼在城西阖闾门外竹竿巷的府第，南宋朱胜非在《秀水闲居录》中有"穷极华侈，叠奇石为山，高十余丈，便作二十余处，种种不同"的记载。石曼卿在《题孙可久别墅》有诗句云"叠山

▶引自清赵尔丰《灵石记》

资远意，辞俸买闲名"，可见其别墅中有人工叠山。太师蔡京因花石纲之便，假公济私，将部分太湖石运到了自家府第，想必假山堆叠的也是气势不凡。因开封附近并不盛产石头，故在宋时平常私家园林里的叠山活动尚不是十分流行，但品石之风已非常兴盛。胡宿《太湖石》诗句："年来赏物多成病，日绕苍苔几遍行"，写的就是对太湖石欣赏的痴迷。

古人认为"石体坚贞，不以柔媚悦人，孤高介节"，而将石喻为君子。因石头具有伟大的、坚固的、独立的、静默的、超凡脱俗的、古雅的品格而被世人所欣赏，世界最早的石文化遂在种种欣赏中产生了，而开封又是中国赏石文化的发祥地。对于赏石，苏轼感慨颇多，文章理论也颇多："山无石不奇，

祥龙石图 （宋）赵佶

水无石不清，园无石不秀，室无石不雅。赏石清心，赏石怡人，赏石益智，赏石陶情，赏石长寿。"这大概是他对石头以及赏石活动给予的最高最彻底的赞誉吧。苏轼喜欢搜集石头，因为石头而发生过很多逸事，"画壁易石"就是其中一则。苏轼看中刘氏园中一块灵璧石，有心想要，但夺人所爱的事总归是不好意思的，便想了一个办法，在人家墙壁上画了一幅自己最拿手的丑石风竹图，博得主人的欢喜，主人也是解风情之人，将石头主动赠予了他，苏轼终于遂了心愿，高高兴兴地拉着宝贝回了阳羡。苏轼之玩可是有水平的玩，在赏玩灵璧石的过程中创立了"石丑而文"的赏石理论。他在称颂画家文同的梅竹石图中提道："梅寒而秀，竹瘦而寿，石丑而文。"将寒梅、瘦竹和丑石相提并论，视作美的象征，创立了新的审美文化。而他的好朋友，创立了太湖石瘦、漏、透、皱之赏

米颠拜石图　（清）任伯年

石理论的米芾，爱石成痴更到了如癫似狂的地步，被世人唤作米癫。他任无为州监军时，见衙署内有一立石十分奇特，便高兴地大叫起来："此足以当吾拜"，立刻吩咐左右为他换了官衣官帽，手握笏板跪拜在石前，并尊称此石"石丈"。后来他又听说城外河岸边有一块奇丑的怪石，便命令衙役将它移进州府衙内，米芾见到此石后，大为惊奇，竟得意忘形，跪拜于地，口称："我

欲见石兄二十年矣！"他的衣袖中总是藏着奇石，随时随地拿出来观赏，美其名曰为"握游"，堪比苏轼之"袖海"。甚至为了得灵璧石，他竟特意请求到地接灵璧的涟水作官，因玩石而荒废公务竟屡次遭弹劾贬官，而痴情不改。可见其痴则非一般的痴，到了随心所欲之地步，果不愧于"米癫"之名。

如今的园林里，石头依然是人们所喜爱的观赏对象，瘦、皱、漏、透、丑依然是我们品评太湖石的参照标准，"梅边之石宜古，松下之石宜拙，竹旁之石宜瘦，盆内之石宜巧"，古人们的这些园林艺术经验，依然值得我们学习，而围绕着石头所发生的那些历史故事，也和石头一起，常常被作为表现

江南三大名石照片

文化的题材而走进现代园林里，勾起人们追忆往事之情思。

爱石头无可厚非，但应把握一个度，超越了这个度，便成了玩物丧志。普通臣子百姓玩玩也就罢了，大不了丢官甚或丧命，可也说不定还能玩出一段佳话美谈，但皇帝玩物，丧的可就是国家社稷了。宋徽宗赵佶因为酷爱石头而衍生出一段花石纲之祸，最终玩儿丢了江山，成了千古罪人，而不免让后人感叹："中原自古多亡国，亡宋谁知是石头。"随着北宋的灭亡，艮岳之中的大部分奇石，有的在战争中损毁，有的被金兵运至燕京，有的被埋至河下淤泥中，还有那些在江浙没来得及启运和已经在路上的奇石，就此流落各地。后又历经百劫，大部分已经随着那段屈辱的历史而灰飞烟灭，如今已所存寥寥。其中遗留至今的有江南园林三大名石玉玲珑、皱云峰、冠云峰，徐州八音石，还有一部分现存于开封大相国寺和龙亭公园内，一部分在北京中山公园、北海等地。它们被称作"花石纲遗石"，在大江南北，向人们无言地讲述着它们千年的沧海桑田，悲欢离合。它们就是一部部石头的史书。

三、人倚西楼

郭熙论山水画之妙品，"有可行者，有可望者，有可游者，有可居者……但可行可望不如可居可游之为得"（《林泉高致》），这句话也往往被作为园林营造准则。好的园林，应具有可行、可望、可游、可居之特征，建筑之所以成为四大园林要素之一，就是因为它能够同时满足这四个要求。居，有厅堂楼阁屋宇；游，有亭台轩榭画舫；行，有连廊飞虹栈道；至于望，中国传统建筑讲究飞檐翘角、雕梁画栋、轩窗高楹、窗虚

▶ 元人郝经诗云："万岁山来穷九州，汴堤犹有万人愁。中原自古多亡国，亡宋谁知是石头。"

郝经（1223—1275），元初名儒，字伯常，作为政治家，郝经反对"华夷之辨"，推崇四海一家，主张天下一统；作为思想家，郝经推崇理学，希望在蒙古人汉化过程中，以儒家思想来影响他们，使国家逐步走向大治；作为学者文人，通字画，著述颇丰，收于《陵川集》中。

黄鹤楼图　（宋末元初？）夏永

四邻，具轻盈之姿，有飞动之状，建筑式样千变万化，绝少重样，本身就是可赏之景。有人用"奴役风月，左右游人"来形容建筑之于园林的作用，一点都不为过。

《清明上河图》中近百栋建筑，包含有多种建筑形式：硬山顶、悬山顶、歇山顶、攒尖顶、庑殿顶、木屋、茅草屋、土坯屋、楼、亭、台、廊、门、桥、榭等，从此可窥见园林内建筑形式概况，因为园林建筑，其形式与技术和市肆村居建筑并无本质上的区别，其区别仅仅在于：从类型上讲，会更丰富些，讲究随山就势，宜亭斯亭，宜榭斯榭；从造型上讲，会更灵活通透，更关注与自然的和谐，"常倚曲栏贪看水，不安四壁怕遮山"，反映的就是建筑与自然之间的渗透融合；从美学上讲，作为园林里的重要景致，园林建筑要比普通建筑更美，更追求自身的欣赏性；从体量上讲，会更加因地制宜，可大可小，贵在体宜；从密度上则要疏朗得多。

作为四大要素里唯一一个纯人工化的要素，在自然风格的中国园林里，建筑却从未像西方园林那样占据主导与控制地位，将人力之巧凌驾于造化之上，即使是在宫殿繁多的皇家苑囿里，建筑也是极力融糅于山水自然环境之间，遵循着中国犹抱琵琶半遮面的含蓄美之原则。到了宋，由于追求文人之诗情画意而建筑的数量更加减少，在层层叠叠的青山绿树之间，不经意间透露出来的那一角飞檐，便更平添了几分情愫，成为文人雅士感怀、吟咏之物。"芳草有情，斜阳无语，雁横南浦，人倚西楼"，就因为有了"楼"，才有了人，才有了生活，芳草、斜阳、南浦、鸿雁的存在才有了意义，画面也才生动起来，此景才催生了别样的情。所以，园林建筑之亭台楼阁轩榭桥廊，不仅仅只是可居可游之物

落花独立图　（清）余集

质，更是情感精神之所寄托。所以古人经营，必用心良苦，所谓"黄茅亭子小楼台，料理溪山却费才"。

从资料文献记载，宋时园林里出现最多的建筑有亭、堂、书房、台，其次是轩、榭，楼、阁、廊庑在私家园林则不多见。堂，通常作居住用，建于园林中部地势平坦、开敞向阳之地，常有厅，作为接待宾客、聚会用，是园林内最主要的建筑。作为追求文人之意趣的宋代园林，书房自是园内必不可少的建筑，园成必有书房，一般建于环境幽邃、安静隐蔽之处，常常也被称作馆、斋或堂。轩榭建筑形式较开敞、高举、灵动，往往建于花间水际，作为观花赏水或饮宴雅聚之所。宋时的私家园林内楼阁尚少见，建筑多为一层，且少有群体出现，也没有连廊复道相连缀，故园林景致呈

梅花书屋　（宋）马远

现出质朴、天然、疏朗和雅致之文人特色。

亭，作为一个小品式建筑，因其体量小、通透灵巧、构筑简单、形式灵活多变、能够适宜各种环境而成为园林中出现最多的建筑。点缀风景、遮阴避雨、小坐休憩、凭栏观景、饮酒作诗，它为园居生活提供着各种各样的功能，营造着各种诗情画意之氛围，故也是在园林中最能彰显文人气质的建筑。

在古代，最初的亭并不是景观建筑，而是一种军事防御的小堡垒，到秦汉成为政府一种基层行政机构，在乡村每十里设一亭，每亭设亭长一名，级别相当于现在的村主任，汉高祖刘邦建立汉朝之前就曾给大秦担任亭长。南北朝之后官方驿亭逐渐废弃，但民间却把亭这种建筑形式保留了下来，在交通要道筑亭供旅人住宿歇息，往往十里一长亭，五里一短亭，并逐渐使其景观化。苏洵《送石昌言使北引》有"既出境，宿驿亭间"的文字记载。也有的将亭作为迎宾送客的礼仪场所，使得亭在情感色彩上与送别、相思紧紧联系在一起。柳永"寒蝉凄切，对长亭晚，骤雨初歇。都门帐饮无绪，留恋处兰舟催发，竟无语凝噎"是依依惜别、难舍难分之情。梅尧臣"接长亭，迷远道。堪怨王孙，不记归期早"是倦游退隐之情，林逋"又是离歌，一阕长亭暮"，晏几道"长亭晚送，都似绿窗前日梦"，长亭短亭，都是离情。就连放浪形骸，一生都在远游的诗仙李白也不禁如此感慨："何处是归程？长亭更短亭。"有些处在郊外风景优美地段的亭，也常被文人雅士们选作郊游雅聚的场所，渐渐的亭也就成了公共园林之滥觞。绍兴"兰亭"就是这样一座公共园林，因为一次社会名流的修禊活动而成名，更因为伟大的书法家王羲之的一篇《兰亭集序》而名传千古，是首次见于文献记载的公共园林。魏晋时期，亭作为点景建筑，开始出现在园林之中，到隋唐时期，园林之中筑亭已很普遍，在宋《李明仲营造法式》中有关于亭子的多种形状和建造技术的详细描述。建造技术的精湛促进了其造型的多样精巧，这种只有柱子和顶棚构成的开敞性建筑开始大量地出现在园林中。

兰亭修禊　（明）文徵明

除了兰亭，还有一处著名的亭子也因了文章而名传千古。北宋庆历六年
（1046），欧阳修被贬为滁州太守，常率众人到琅琊山饮酒赋文，琅琊寺住持
智仙和尚专门在山间泉边为欧阳修修建了一个亭子，由欧阳修命名，欧阳修
自号"醉翁"，便命名亭为醉翁亭，而后写下传世之作《醉翁亭记》，其中有
千古名句"醉翁之意不在酒，在乎山水之间也"。醉翁亭也随之成为天下第一
名亭。

我们不妨套用这
句千古绝唱来形容一
下亭子的作用：筑亭
之意不在亭，在乎亭
外风景也。《释名》释
义：亭，停也。停下
来观赏亭外风景。所
以亭常常被建在水际、
湖心、山间、竹丛、
花间、林地、田间甚

瘦西湖吹台亭月门框景

至桥上风景绝佳处，用以点缀风景和供人们驻足停留观景。由亭内向外望，湖光山色犹如一幅幅画图镶嵌在柱子和檐枋挂落构成的画框之中，别有韵味，李渔在《闲情偶寄》里称之为"尺幅窗""无心画"，这种造景艺术被称之为"框景"。园林建筑的窗和门同样也具有这种成景功能，"窗含西岭千秋雪，门泊东吴万里船"，屋外之雪山、江船被门、窗借进室内，仿佛成了挂在墙上的两幅立体的山水画。在中国古典园林里面，窗就像园林之眼，透过漏窗，景区似隔非隔，似隐还现，透漏了隔壁景观的消息却又可望而不可即，而令人产生无限遐思和向往，诱使人移步上前。这种手法叫作"透景""漏景"。"透""漏"的意味，将窗的形式与美感发挥到极致。以漏窗为画框，看不尽园林春色如许，这也充分体现了中国园林艺术中"小中见大"之空间意趣。特别令人感兴趣的是，园窗本身亦是被作为艺术品来精雕细琢的，和园林建筑一样，有一千个窗子就会有一千种样式，在同一园林中，绝不会有雷同的漏窗出现。今天的沧浪亭复廊和单面廊上，漏窗的纹样足有一百多式，每个窗都是孤品，绝无重复，可谓经典之作。宋吴文英自号梦窗，周密号草窗，二人以二窗并称，用窗做自己的词号，足见人们对窗的喜爱。

除框景之外，有的亭建在山顶高处，或建为高亭，用以极目远眺，观赏园外之景，谓之"借景"。艮岳万岁山最高处的介亭，内可俯瞰全园山岳湖泊之绮丽，外可北望十里景龙江之壮阔，景界极为开阔。极目亭也位于山顶，有诗云："千里飞鸿坐上看，山川风月在凭栏。不知地占最高处，但觉恢恢天宇宽。"沈括的梦溪园中有"远亭"，董侪西园有"高亭"，都

▶ 常用的园林构景手段有：抑景，透景，添景，夹景，对景，障景，框景，漏景，借景等。

框景：园林中的建筑的门、窗、洞或者乔木树枝抱合成的景框，往往把远处的山水美景或人文景观包含其中，这便是框景。《园冶》中谓："藉以粉壁为纸、以石为绘也。理者相石皴纹，仿古人笔意，植黄山松柏、古梅、美竹，收之圆窗，宛然镜游也。"李渔在《闲情偶寄》中谈到在室内设"尺幅窗"或"无心窗"以收室外佳景，也是框景的应用。

▶ 借景：有意识地把园内外的景物"借"到园内视景范围中来。借景是中国园林艺术的传统手法。一座园林的面积和空间是有限的，为了扩大景物的深度和广度，丰富游赏的内容，除了运用多样统一、迂回曲折等造园手法外，造园者还常常运用借景的手法，收无限于有限之中。计成在《园冶》中对借景有非常精妙的论述，并将借景类型分为俯借、仰借、邻借、远借、应时而借等五种借景方法。

▶ 出自《挥麈后录》卷二《极目亭》。

是为了登高远眺园外之景，将园外之景纳入园内，从而产生风景连绵无穷尽的感觉。在有限的园林空间内创造无限之空间意境，"借景"无疑是一个很巧妙的不费人力的办法。

能够远望借景的除高亭之外，还有一种园林建构，叫作"台"。苏轼"试上超然台上看，半壕春水一城花。烟雨暗千家"，便反映了台远眺借景之功能。作为中国古典园林源头之一，台最初是被作为山的象征而出现在园林之中的，用来通神、求仙、观天象，兼具登高远眺、观览风景作用，"高台榭，美宫室"曾经被作为贵族园林之典范，商纣王的鹿台、周文王灵台、楚灵王章华台、吴王阖闾姑苏台，都具早期宫苑园

雕台望云图　（宋）马远（传）

仙苑游春图（部分）绢本设色 （宋）赵伯驹

林的雏形，可视为皇家园林之滥觞。随着其神秘色彩的消隐，台渐渐地退出了作为园林主体的地位，仅保留了其登高远眺、游娱之功能。老子道德经里用"众人熙熙，如享太牢，如春登台"来形容世俗之人纵情于声色货利的样子，可见当时沐浴春风、登台远眺美景就已经成了游娱享乐活动。到了宋时，从相关记载可知，几乎每处园林里头都可见高台，司马光的独乐园有见山台，可远眺万安、轩辕、太室山，王拱辰的环溪有风月台，"以北望，则隋唐宫阙楼殿，千门万户，苕峣璀璨，凡左太冲十余年极力而赋者，可瞥目而尽也。"水北胡氏园有"玩月亭"，"其台四望，尽百余里"。但到了明清，台已经退化为建筑外平地而极少再有独立远眺之高台，从这一变化上可以看出，虽然宋朝文化已经开始向着精微的内在发展，但汉唐时期"登高壮观天地间，大江茫茫去不还"的恢宏依然存在，并未消失殆尽，实是一个文化的转折期、分水岭，到了明清写意的审美思想方达到成熟。

[链接]

簪 花 习 俗

戴花习俗始于唐朝，在两宋蔚然成风。簪花习俗的形成，一是源于重阳节簪花，二是源于宫廷赐花簪花。宫廷里戴花代表着政治意义，被皇上赐花是一种殊荣。《宋诗纪事》载太宗宠臣杨允云曾写过"闻说宫花满鬓红，上林丝管侍重瞳"的诗句。翰林学士李宗谔也有"戴了宫花赋了诗，不容重睹赭黄衣"诗句。宋真宗赵恒曾给晁炯、钱惟演亲自簪花，"后曲宴宜春殿，出牡丹百余盘，千叶者才十余朵，所赐止亲王、宠臣，真宗顾文元及钱文僖各赐一朵。又尝侍宴，赐禁中各花……观者荣之。"真宗东封泰山之时，命陈尧叟为东京留守，马知节为大内都巡检使，驾未行，先宣他们二人入后苑赐宴，真宗与二人都戴牡丹。真宗旋即令陈尧叟摘去所戴之花，亲自以自己头上一朵为陈簪之。又寇准侍宴，真宗特命以千叶牡丹簪之，说："寇准年少，正是戴花吃酒时。"宫廷官宦所好，必引领风尚，民间亦簪花盛行。《水浒传》中就有蔡庆爱戴花，绰号"一枝花"，浪子燕青鬓边长插四季花，病关索杨雄鬓边爱插芙蓉花，柴进簪花入禁苑等情节。

关于簪花的诗词：

苏轼《吉祥寺赏牡丹》：

人老簪花不自羞，花应羞上老人头。醉归扶路人应笑，十里珠帘半上钩。

司马光《和邵尧夫安乐窝中职事吟》：

> 灵台无事日休休，安乐由来不外求。细雨寒风宜独坐，暖天佳景即间游。
>
> 松篁亦足开青眼，桃李何妨插白头。我以著书为职业，为君偷暇上高楼。

欧阳修《浣溪沙》：

> 堤上游人逐画船，拍堤春水四垂天。绿杨楼外出秋千。
>
> 白发戴花君莫笑，六幺催拍盏频传。人生何处似樽前！

欧阳修《鹤冲天》：

> 戴花持酒祝东风，千万莫匆匆。

曲 水 流 觞

　　"曲水流觞"之俗，溯其源流，得从三月上巳这一古老风俗说起。上巳，是指夏历三月的第一个巳日。它是我国古代一个被除祸灾，祈降吉福的节日。远在秦汉以前的周代，已有水滨祓禊之俗，朝廷指定专职的女巫掌管此事。祓，是祛除病气和不祥；禊，是修洁、净身。祓禊是通过洗濯身体，达到除去凶疾的一种祭祀仪式。在《诗经·郑风·溱洧》一篇中，就具体记载了春秋时的郑国，每逢阳春三月秉执兰草，招魂续魄，祓除不祥的生动情景。

　　到了汉时，三月上巳，才确定为节。每逢该日，官民都去水边洗濯。不仅民间风行，连帝王后妃也去临水除垢，祓除不祥。后来，此俗又进一步演变为临水宴饮。魏晋以后，才将上巳节正式改定为夏历三月初三为春禊，"秋禊"时间一般是在农历七月十四。作为岁时节令中的重要节日，所有临水祓禊及水滨宴会活动都在这天进行。

仪式后，大家坐在水渠两旁，在上流放置酒杯，任其顺流而下，杯停在谁的面前，谁即取饮，彼此相乐，故称为"曲水流觞"。觞系古代盛酒器具，即酒杯。通常为木制，小而体轻，底部有托，可浮于水中。也有陶制的，两边有耳，又称"羽觞"，因其比木杯重，玩时则放在荷叶上，使其浮水而行。这种游戏，自古有之，古"逸诗"云"羽觞随波泛"。汉也有"引流引觞，递成曲水"之说。后来逐渐成为上巳节的一个重要组成部分。

历史上最为有名的修禊当数兰亭修禊和红桥修禊。王羲之《兰亭集序》："暮春之初，会于会稽山阴之兰亭，修禊事也。"王羲之这次兰亭聚会，虽也举行修禊祭祀仪式，但主要进行了"曲水流觞"活动，突出了咏诗论文，饮酒赏景，对后世影响很大，在绍兴，"曲水流觞"这种饮酒咏诗的雅俗历经千年，却一直盛传不衰。

中国古典园林源头

周维权在《中国古典园林史》中，将"囿""台""园圃"作为中国古典园林起源的三个源头。

囿起源于狩猎，是中国古代供帝王贵族进行狩猎、游乐的园林形式。通常选定地域后划出范围，或筑界垣。囿中草木鸟兽自然滋生繁育。《诗经·大雅》中记述了最早的周文王灵囿。秦汉以后，囿都建于宫苑中。囿除了为王室提供狩猎以及祭祀、丧纪所用的牺牲、供应宫廷宴会的野味之外，据《周礼·地官·囿人》郑玄注："囿游，囿之离宫，小苑观处也。"囿还兼有"游"

的功能。就此而言，囿无异于一座多功能的大型天然动物园。囿的游观功能虽不是主要的，但已经具备园林的雏形性质了。

台，用土堆筑而成的方形高台。《吕氏春秋》高诱注："积土四方而高曰台。"《说文解字》："台，观，四方而高者也。"段玉裁注："《释名》曰：'观，观也，于上观望也。'观不必四方，其四方独出而高者，则谓之台。"台的原始功能是登高以观天象、通神明。出于山岳崇拜而修筑高台，摹拟圣山，是山的象征，故都十分高大。台还可以登高远眺、观赏风景，《诗经·大雅》郑玄注："国之有台，所以望气祲、查灾祥、时观游。"周代的天子、诸侯"美宫室""高台榭"遂成为一时的风尚。台的"游观"功能亦逐渐上升，成为一种主要的宫苑建筑物，并结合于绿化种植形成以它为中心的空间环境，又逐渐向着园林雏形的方向转化。

园，是种植树木的场地。圃，《说文解字》："种菜曰圃。"西周时往往园、圃并称，意亦相通，是供应宫廷的果园或蔬圃。春秋战国时期，民间经营的园圃也相应地普遍起来，更带动了植物栽培技术的提高和栽培品种的多样化，同时也从单纯的经济活动逐渐渗入人们的审美领域。许多食用和药用的植物被培育成以供观赏为主的花卉。老百姓在住宅的房前屋后开辟园圃，既是经济活动，还兼有观赏的目的。所以，"园圃"也是中国古典园林的源头。

第五章　**得意忘形**

无处不在的园林艺术

　　文人园林最终的用心是讲究意境。得意忘形，不是我们今天所谓的浅薄小人稍稍得志便忘乎所以，而是指一种审美状态，从物境中得到真意而忘掉形体的存在，说的是"意"和"境"的关系。

　　魏晋的时候有一个叫阮籍的人，本来满怀着政治抱负，但又跟当政者主张不合，无奈而寄情山水做了隐士。空有一颗忧国心的他狂狷不羁，行为乖张，常常不是纵声狂笑就是放声大哭，悠游在精神世界里，癫狂起来甚至连自己是谁都忘了，因此《晋书·阮籍传》形容他："当其得意，忽忘形骸。"这是得意忘形的由来。

　　意境，由"意"和"境"两部分组成。意，从心从音，本义是发自内心的声音，属于主观精神层面范畴，是情与理的统一。境，从土，本义为边境，亦有环境、景物之意，属于客观物质存在的范畴，是形

雪夜访戴图　（元）张渥

与神的统一。二者相互渗透，相互制约而产生情景交融、虚实相生之态，基于形象产生了想象，由物质上升到精神，就产生了意境。有人认为二者之间，"意"与"境"并重，"抒写胸臆"和"发挥景物"应该结合起来，也有人强调"意"的重要性，认为"唯能立意，方能创建"，无论是以意胜的"有我之境"，还是以境胜的"无我之境"，都是艺术不同的审美规范。更多人追求在艺术的审美过程中能够"得意忘象"，甚至"物我两忘，离形去知"，得意忘形，物我两忘，该是审美的最高境界。如此看来，"天人合一"，作为中华古典哲学的根本观念之一，不仅仅只是人天观，也是终极审美观。

同样属于艺术范畴的园林，其意境是指通过园林的形象所反映的情意使游赏者触景生情产生情景交融的一种艺术境界。

▶ 出自王国维《人间词话》：有我之境：以我观物，故物皆著我之色彩：泪眼问花花不语，乱红飞过秋千去。无我之境，以物观物，故不知何者为我，何者为物：采菊东篱下，悠然见南山。寒波澹澹起，白鸟悠悠下。

▶ "凝神遐想，妙悟自然，物我两忘，离形去知。身固可使为槁木，心固可使为死灰。"是张彦远对绘画欣赏心理的一种高度概括，指出了审美观照既是审美主体的精神的高度集中，同时也是审美主体的想象的高度活跃。这种集中和想象是排除外界的杂念和超越个人私欲的，所谓"离形去知""槁木""死灰"可见一斑。显然，这种思想是可以与老、庄思想联系在一起的。

梦蝶图　（元）刘贯道

▶ 贺铸(1052—1125)，北宋词人，字方回，又名贺三愁，人称贺梅子，号庆湖遗老，宋太祖贺皇后族孙，自称唐贺知章后裔。性格耿介豪侠，入仕后喜论当今世事，不肯为权贵屈节，故一生官位不高，悒悒不得志。其词风格多样，兼有豪放、婉约二派之长。

如何塑造有意之境，得意之形，王国维先生在《人间词话》里说过："一切景语皆情语。""试问闲愁都几许？一川烟草，满城风絮，梅子黄时雨"，北宋词人贺铸可谓是以景写情之高人。看似写景，没有一个词去状写如何相思，但却让人感觉到闲愁已经弥漫了所有景物，满眼所见，无不是愁。情在哪里？情在景物中。"故人西辞黄鹤楼，烟花三月下扬州。孤帆远影碧空尽，唯见长江天际流"，同

松风云影图　（清）陆恢

样也绝口不提一个情字，却字字是送别的惆怅、空茫，情就交汇在景中。景能生情，情景交融是意境的审美特征。

景也未必都以真实的物质形象存在，其结构特征也是虚实相生的，就像情景交融一样，也是一对辩证的审美范畴。"云破月来花弄影"，月是实，云为虚，花是实，影为虚；"柳外轻雷池上雨，雨声滴碎荷声"，雨是实，雷为虚，荷是实，声为虚。就像阴和阳一样，在园林里，景观的塑造也讲究虚

实相生，且虚和实是辩证的存在的：山为实，水为虚，水随山转，山因水活；形为实，影为虚，得影随形；大为实，小为虚，寓大于小，小中见大；高为实，低为虚，于平缓处见高低；直为实，曲为虚，直中求曲折。

园林艺术就是经营这些虚实变化的艺术。

张潮在《幽梦影》中说："艺花可以邀蝶，累石可以邀云，栽松可以邀风，贮水可以邀萍，筑台可以邀月，种蕉可以邀雨，植柳可以邀蝉。"在

竹虫图　（宋）赵昌

▶ 引自《叙画》，作者王微 (415－453)，南朝宋文学家、山水画家。《叙画》是中国最早的山水画论著作之一，其实是王微写给友人的一封信，主要探讨山水画画理、画法。认为山水画创作源于画家内心被自然山水感动而产生的情感，提出山水画与地图的不同，是"形象"与"灵趣"并重的，要"写山水之神"，体现山水的灵趣，绘画真正的情趣所在，是在画中体现了他美好的内心，还提出了远近、大小、"器以类聚""物以状分"等绘画主张，对后世绘画的发展有很大影响。

园林里，水、石、植物、建筑是实，月、云、风、雨、蝶、蝉是虚，但无论虚实，只有当它们紧密地结合在一起时，才更添了园林情致，园林意境才得以深邃。"望秋云，神飞扬；临春风，思浩荡"，园林艺术不仅仅体现在堆山、理水、植物、建筑这些实的景观要素上，秋云，春风，似乎这些虚的景，才更易触动人们的情思。因此，如日、月、风、云、雨、雪、鸟、虫、蝶、声、影，这些大自然赠予我们的免费但却无比珍贵的财富，我们更应当珍惜，借来好好经营，以无处不在的艺术创造无限园林美景和意境。

一、蕉窗听雨

俗话说：眼见为实，耳听为虚。眼睛之所见和耳朵之所闻，也是一对虚实辩证关系。"实出形，白出相，一白而生万象"，虚比实更容易塑造联想空间，闻比见更容易触动内心情感。

园林里的声境，大抵可分为两类，一类是来自大自然的天籁之音：风声，水声，雨声，雷声，虫声，鸟声，马嘶，猿啼；一类是来自世间的人作之声：琴声，箫声，啸歌声，钟声，桨声，读书声，人语声，鸡鸣声。西晋左思在《招隐诗》中说："非必丝与竹，山水有清音。何事待啸歌，灌木自悲吟。"可见，丝竹声、啸歌声这些人为之声，远不如山水声、灌木声这些自然之声更能打动人。张潮则认为："春听鸟声，夏听蝉声，秋听虫声，冬听雪声，白昼听棋声，月下听箫声，山中听松声，水际听欸乃声，方不虚生此耳。（张潮《幽梦影》）"所以不论哪种声音，都可以营造出别样的园林意境，只要善于捕捉，"声音"在园林追求意境方面绝对是一个无比美妙的元素。

松树，因其苍古遒劲之姿，四季常青之貌，而为人们尤其是文人画家所喜爱，在中国诗词以及山水画里都作为一个独立的题材而占据着重要的位置。五代之后，按照君子比德之美，松树又被人们赋予不畏严寒、坚忍不拔、高挺凌云、傲雪凌霜之品格和风骨，与竹、梅一起合称"岁寒三友"，广泛出现在园居生活之中。"风入寒松声自古"，无论风吹过深山松林，还是拂过庭内松针，不管是涛声萧萧，还是风吟细细，传递的都是一种浑厚的雅韵，这成为松树的又一审美特征。因而听松风也就成为文人雅士的风雅之举。"山中宰相"陶弘景就"特爱松风，庭院皆植松，每闻其响，欣然为乐（《南史》）"，又深山之间多生松树，所以松树多多少少又带有了隐逸之况味。

南宋马麟的《静听松风图》，为我们生动描绘了一幅闻天籁之声而浑然忘我的境界。在一处深山溪涧间，有两棵老松一直一偃成呼应之势，使

万壑松风图　（宋）巨然

得画面非常的苍古幽美。一高士箕坐在偃伏的树干上，正侧耳聆听着什么。枝上偏向一侧的松针和飘扬的藤条告诉我们，此时正有风吹过，高士正在屏气静心地倾听的，正是风过松针的飒飒之声。看他敞开的衣襟、随意松散的坐姿以及安然的神态，显然是已经体验到了松风所传递的自然之真意，而本身似乎也成了自然中的一分子，展现出了自然之我的不羁之态。旁边侍立的小童似乎连呼吸都屏住了，生怕稍稍一动便会惊扰了这份静谧。如果没有静定闲适的心态，没有优雅之格致，也就很难捕捉到风吹树梢的幽微，所以松风带给人的是"人闲桂花落，夜静春山空"之意境。即使是万壑松风，给人的感觉依然是万籁俱

静听松风图 （宋）马麟

寂，这就是园林造景中所谓的"静中求静，不如动中求静"，以动求静的意境营造方法。承德避暑山庄的万壑松风，拙政园的松风水阁、听松风处，怡园的松籁阁，都是用松树营造的环境景观。万亩松林也好，一两棵松树也罢，人处其地，即便是没有风，也很容易让人进入到如入旷野、风啸山林的冥想之中，一霎间仿佛自己也成了方外隐士高人，而暂时忘却了人世间的种种喜怒哀乐。松和风声，已经作为一种文化遗传，沉淀到我们的意识深处了。像这样被深深积淀的还有雨打残荷的意境，即使没有雨，久立荷塘，今日的惨淡不免勾起对夏日的回忆，不知不觉间思绪已经飘远，便有了窸窸窣窣的声响敲打在心底，耳边亦有了"雨声滴碎荷声"的联觉。

这是雨之声。爱荷的人们总爱留着那一池枯荷，好就着那秋夜冷雨，尽情地放纵心底里那一抹或浓或淡的忧思。东京皇家园林金明池的"金池夜雨"，就是北宋人倾听雨打荷叶的著名景观，而在私家园林里也多设置留听阁之类的景致，以晕染悲秋之浪漫，好吟诵"秋阴不散霜飞晚，留得残荷听雨声"之诗句。在园林里最富于韵致的，还有梧叶声、蕉叶声、竹叶声。蕉窗听雨，最适合在幽深的庭院，有熏香袅袅，还弥漫着兰香葳蕤，传递的是一种精致的韵味和淡淡的闲愁。疏雨滴梧桐，点点滴滴，叶叶声声，总让人不自觉地想起"孔雀东南飞"，所以它传递的是令人绝望的离愁别恨，最易惹相思。

听的景致，总是极容易触动人们的思绪，让人浮想联翩。尤其是静谧的夜晚，独自一个人的时候，总会让人生出一些惆怅与感慨，甚至是浓浓淡淡的忧愁哀伤。而把听的悲戚艺术发挥到极致的人，当属大文学家曹雪芹。有人考证说《红楼

▶ 出自欧阳修《临江仙》：
柳外轻雷池上雨，雨声滴碎荷声。小楼西角断虹明。阑干倚处，待得月华生。
燕子飞来窥画栋，玉钩垂下帘旌。凉波不动簟纹平。水精双枕，傍有堕钗横。

▶ 出自李商隐《宿骆氏亭寄怀崔雍崔衮》：
竹坞无尘水槛清，相思迢递隔重城。
秋阴不散霜飞晚，留得枯荷听雨声。

虚亭听竹图　（明）唐寅

梦》中宝玉的原型就是宋徽宗赵佶本人，大观园的原型也就是艮岳。这个不是我们考证的重点，我们的重点只在于一个景点，艮岳中有一个景点叫作潇闲馆，周围翠竹环绕，而大观园中恰巧有一个潇湘馆，也一样种着竹子，是林妹妹因"爱那几竿竹子"而选择栖身的地方。林黛玉卧病潇湘馆，秋夜听见雨打竹叶的淅沥声，想到自己寄人篱下的身世，以及与宝玉不得的爱情，不由得心有所感，写下了《秋窗风雨夕》：

秋花惨淡秋草黄，耿耿秋灯秋夜长。
已觉秋窗秋不尽，那堪风雨助凄凉！
助秋风雨来何速？惊破秋窗秋梦绿。
抱得秋情不忍眠，自向秋屏移泪烛。
泪烛摇摇爇短檠，牵愁照恨动离情。
谁家秋院无风入？何处秋窗无雨声？
罗衾不奈秋风力，残漏声催秋雨急。
连宵脉脉复飕飕，灯前似伴离人泣。
寒烟小院转萧条，疏竹虚窗时滴沥。
不知风雨几时休，已教泪洒窗纱湿。

风声、雨声齐集于竹身而发出悲声，斯景、斯情、斯人，已经悲到无以复加，怎不令人唏嘘不已，潸然泪下！这是声境的传奇。

还有一种天籁之音——水声，当是园林里最丰富、最具表现力的声音。瀑布的轰鸣声、潮水的隆隆声、溪流的淙淙叮咚声、涌泉的汩汩声，岩涧的铿锵滴答声……或如喁喁私语，或如万马奔腾，或如金石裂帛，或如缠绵呢喃，汇集大自然中所有的水声，简直就可以开一场大型交响乐的盛会。这无疑是大自然赋予园林的又一笔巨大的精神财富。

而松下听琴，月下听箫，夜半听钟声，白日听棋声，人们所享受的则是来自人类自己所创造的财富。

古琴，久远的历史早已赋予其自身丰富而深刻的文化内涵，其清、和、淡、雅

竹林听泉图　（清）沈宗骞

▶ 古琴，亦称瑶琴、玉琴、七弦琴，汉民族最早的弹弦乐器，有文字可考的历史有四千余年，湖北曾侯乙墓出土的实物距今有两千四百余年，以其历史久远、文献浩瀚、内涵丰富和影响深远为世人所珍视。存见南北朝至清代的琴谱百余种，琴曲达三千首，还有大量关于琴家、琴论、琴制、琴艺的文献，遗存之丰硕堪为中国乐器之最。古时，琴、棋、书、画并称四艺，用以概括汉族的传统文化。20世纪初，为区别西方乐器才在"琴"的前面加了个"古"字，被称作"古琴"。至今依然鸣响在舞台上。

的音乐品格寄寓了文人凌风傲骨、超凡脱俗的处世心态，历来被文人雅士视为修身养性的必由途径。因其韵味虚静高雅，要达到琴之意境，必须要求有一个安静幽雅的环境和一颗平

和闲适的心，无疑高山隐者是最适宜的。但这岂是人人所能达到的境界，所以退而求其次，操琴活动便被广泛地安置在园林之中。早在唐代，大诗人白居易经营洛阳履道坊宅园时已把操琴活动作为园居的重要内容之一。在《池上篇·序》中写道：

深堂琴趣图　（宋）佚名

每至池风春，池月秋，水香莲开之旦，露青鹤唳之夕，拂杨石，举陈酒，援崔琴，弹姜《秋思》，颓然自适，不知其他。酒酣琴罢，又命乐童登中岛亭，合奏《霓裳·散序》，声随风飘，或凝或散，悠扬于竹烟波月之际者久之。曲未尽而乐天陶然已醉，睡于石上矣。"

王维也在他的辋川别业"独坐幽篁里，弹琴复长啸"。这种情况到宋代更为普遍，徐文长的"乐圃"就有琴台，宋徽宗赵佶所作《听琴图》，描绘的则是官僚贵族雅集听琴的场景。据说衣着道冠玄袍，居中端坐，凝神抚琴的人正是赵佶本人，前面有两位身着官服的听琴者，一仰头，一颔首，仿佛已完全陶醉在琴声之中，高挺的松树，闲散的竹子，独立的湖石，则刻画出了环境的静谧清幽。当高山流水的清音在园林清雅的环境中响起，犹如太古之音，让人不禁起远古之思，又如天籁之音，让人如入天人交融之境。

琴音古雅淡远，堪与之相匹配的

听琴图　（宋）赵佶

▶ 箫，一种非常古老的汉族吹奏乐器，相传为舜所造。唐代以前多指多管"箫"，即"排箫"，许多管子排在一起，管数有十到二十四个不等。现今所称"箫"，指单管箫，称"洞箫"。一般由竹子制成，也有玉制和铜制的，吹孔在上端，竖吹。箫的音色圆润轻柔，幽静典雅，适于独奏和重奏。

环境：幽山，溪水，苍松，怪石。这几种蕴含着无限古意的自然元素组合在一起，操琴和听琴的人融于其中，本身就如诗如画，充满着诗情画意，更加上溪流声、松风声和着古琴声，涤荡，弥漫，在风中，在耳际，在心田，此情此景早已超越了诗与画的境界。斯是天地之大美与人之大美的高度结合，只能用心静静地去感受而已经无法用言语来诉说。

同样有着悠久历史的箫，其音色圆润轻柔，曲调悠长、恬静、抒情，哀而不伤，怨而不怒，最适合一个人

月下吹箫图　（清）费丹旭

在朦胧、清旷、淡然的月下独奏，就像一个人在自然深处彻底敞开了心扉，将心底里的郁闷、思念等情感缓缓地诉说。《庄子·齐物论》有"女（汝）闻人籁而未闻地籁，女（汝）闻地籁而未闻天籁"，籁，即箫也，可见箫声之意境美，堪比天籁。

钟，本为寺院报时、集众而敲击的一种法器，除了召集僧人诵经做功课之外，起床、睡觉、吃饭等都以钟声为号，《百丈清规·法器》中说："大钟丛林号令资始也。晓击即破长夜，警睡眠；暮击则觉昏衢，疏冥昧。"晨昏的钟尤其重要，要连击一百零八下。因钟声雄浑响亮，浑厚悠扬，具有很强的穿透力，方圆几十里皆能闻其音，周边百姓也闻钟而作，闻钟而息，因而钟声也深深地融入了百姓生活，成为不可或缺的组成部分。东京的"相国霜钟"，在仲秋月夜，分外悠扬清脆，别有韵味。而张继一首《枫桥夜泊》，不仅使寒山寺名扬千古，更将夜半钟声与霜天愁旅紧密联系在一起，钟声更加容易催动人们的情思而使其意境更加深邃悠远。南屏晚钟，著名的西湖十景之一，也是十景中最早问世、最享盛名的一景，其景致亦成因于寺庙。南屏山，绵延横陈于西湖南岸长达千余米，山上怪石耸秀，绿树繁荫，景色非常优美，山上有著名的寺院净慈寺、兴教寺，还有附近众多的中小寺庙，形成一寺院群落，于是，每天晨钟暮鼓，梵呗佛号，声音经过在山间、岩石、洞穴、水际的共振、反射，更加浑厚、清扬、不绝于耳，形成佛国仙境的南屏晚钟情韵，唐代诗人张岱有诗赞曰："夜气瀹南屏，轻风薄如纸；钟声出上方，夜渡空江水。"其美妙的环境不仅吸引着大量的香客，也吸引了大批的文人墨客前来

▶ 寒山寺在苏州城西阊门外五公里外的枫桥镇，始建于南朝萧梁代天监年间，距今已有一千四百多年。初名"妙利普明塔院"，相传唐代高僧寒山和拾得自天台山国清寺来此住持，唐代贞观年间改名为寒山寺，成为吴中名刹。唐代诗人张继举棹归里，夜泊枫桥，一首《枫桥夜泊》脍炙人口，使寒山钟声传播中外。历史上寒山寺曾是我国十大名寺之一，寺内古迹甚多，有张继诗的石刻碑文，寒山、拾得的石刻像，文徵明、唐寅所书碑文残片等。寺内主要建筑有大雄宝殿、庑殿（偏殿）、藏经楼、碑廊、钟楼、枫江楼等。2008年11月，寒山寺大钟、大碑入选"吉尼斯"名录。

▶ 净慈寺，杭州西湖历史上四大古刹之一。因寺内钟声洪亮，"南屏晚钟"成为"西湖十景"之一。净慈寺坐落在西湖南岸南屏山中峰慧日峰下，是954年五代吴越国钱弘俶为高僧永明禅师而建，原名慧日永明禅院；南宋时改称净慈寺，列为禅宗五山之一。《净慈寺志》描绘该寺是"凭山为基，雷峰隐其寺，南屏拥其后，据全湖之胜"。寺屡毁屡建。现在的寺宇、山门、钟楼、后殿、运木古井和济公殿，都是20世纪80年代重建的。

隐居、修行，因此净慈寺及其钟声也进入了文人骚客的诗词书画之中，张择端就曾画过南屏晚钟图。

园林声境，此外还有柳浪闻莺，听的是莺啭，听橹楼，要的是桨声欸乃，植柳邀蝉，听的是蝉鸣，青草池塘，听的是蛙声，春气回暖，听的是虫声，还有临流清啸声、秋窗读书声、山间梵呗声、村野鸡鸣狗吠声，无论是天籁、地籁还是人籁，园林声境确实能让人享受到暂时的清净雅逸，可以纵情放适心灵，感受回归自然的本真。园林声的艺术，是直抵灵魂的艺术，需要用灵魂去感悟。

塔影钟声诗意　（清）唐岱

二、风月无边

如果你去泰山旅游，在万仙楼北侧会发现一块摩崖石刻，上书"虫二"二字，同样这两个字，你还会在杭州西湖的湖心亭看到。真有趣，两个虫子？这到底是什么意思呢？遇到如此怪异的题名，你肯定会对它产生无比兴趣。如果还是琢磨不出来，不妨先放下这个难题，抬头看看风景吧，说不定眼前的无限风光会告诉你答案。没错，答案就是眼前的"风月无边"。

我们常说园林是"以有限的空间创造无限的意境"，其实如果经营得巧，园林的空间亦可以是无限的，方法之一就是巧借自然，营造虚景，比如将空中飞鸟收入园中，则园林空间就从地面拓展到了空中，如果将千里万里之外的云月收入园中，则园林空间就广阔到了千里万里之遥。

虚景，古人亦称作风月景。在古人的园林文学之中，"风月"可以说是一个绕不开的主题，多少的愁思哀怨也好、郁郁不得志也罢，喜怒哀乐悲恐惊，人世间几乎所有的情感都可以凭借风花雪月去传达。根据因借对象的不同，虚景的营造大概可分为两类，一借天文，如日月星辰、晨昏交替、四时变化等，一定的园林空间加上特定的天文元素一起构成完整的景观，如观日出日落、观潮涨潮落、赏月圆月缺，甚至一年四季时令之更替；二借气象，将各类气象景观纳入园林欣赏之中，如上文提到的风、雨，其他常常被用来营造园林景观和意境的还有云、雾、雪、霞、虹、烟、影、香气等。在西湖十景中，就有苏堤春晓、曲院风荷、平湖秋月、断桥残雪、雷峰夕照、双峰插云、三潭映月七个景点带有时令特征或者假借风月，而汴梁八景的繁台春色、铁塔行云、金池夜雨、州桥明月、梁园雪霁、汴水秋声、隋堤烟柳、相国霜钟全部八个著名景观，都有着虚实相生的时令特色。

应时而借，是一种更高级别的园林艺术。计成在《园冶》中就特别强调借景的重要性，"夫借景，林园之最要者也"，书中《借景》篇，也是全书最有文采的篇章，开篇便告诉我们："构园无格，借景有因。切要四时，何关八宅。"精彩的文字，读来都令人陶醉，更何况将之转化为园林景观之后呢！

山容霭霭，行云故落凭栏；水面鳞鳞，爽气觉来欹枕。南轩寄傲，北牖虚阴；半窗碧隐蕉桐，环堵翠延萝薜。俯流玩月；坐石品泉。苎衣不耐凉新，池荷香绾；梧叶忽惊秋落，虫草鸣幽。湖平无际之浮光，山媚可餐之秀色。寓目一行白鹭；醉颜几阵丹枫。瞭远高台，搔首青天那可问；凭虚敞阁，

落霞孤鹜图 （明）唐寅

举杯明月自相邀。冉冉天香，悠悠桂子。但觉篱残菊晚，应探岭暖梅先。少系杖头，招携邻曲；恍来临月美人，却卧雪庐高士。雪冥黯黯，木叶萧萧；风鸦几树夕阳，寒雁数声残月。书窗梦醒，孤影遥吟；锦幛偎红，六花呈瑞。棹兴若过剡曲；扫烹果胜党家。冷韵堪赓，清名可并；花殊不谢，景摘偏新。因借无由，触情俱是。

远山、近水、虫草、雁鹭、青天、行云、明月、夕阳、荷桂暗香、雪中寒梅、窗牖虚影都可以纳入园林之境，创造无边风月之景观。虽说"人生自是有情痴，此恨不关风与月"，但感情的引发者和寄托者，往往恰恰正是风与月。其中最易让人感慨太息，引发无边思绪的，当属月亮。在儒家文化的影响之下，"家"的观念可以说已经根深蒂固地进入了中国人的血液骨髓，阖家团聚，团团圆圆是我们所追求的最大的幸福。人聚人散，像极了天上的月缺月圆，这一再平常不过的自然现象，就常常被古人用来象征人间的悲欢离合。所以月亮，这深深地刻上了家的烙印的月亮，也就极易引发人们的思念之情和悲怆之感。夜越深，月愈明，万籁俱寂的时刻，人

西湖八景之平湖秋月图　（清）董邦达

的心性最能够与宇宙自然相融贯，也就最能够品味得到真挚的感情和深邃的哲理。尤其在仲秋，天空高敞，气候微凉，适宜的天气使得中秋的月亮分外圆、分外亮，因而也把人的情绪调动得分外饱满。这一刻，天上圆满的明月

▶ "中秋"一词，最早见于《周礼》。根据我国古代历法，农历八月十五日，在一年秋季的八月中旬，故称"中秋"。到唐朝初年，中秋节才成为固定的节日。据史籍记载，古代帝王祭月的节期为农历八月十五，时日恰逢三秋之半，故名"中秋节"；又因为这个节日在秋季八月，故又称"秋节""八月节""八月会"；又有祈求团圆的信仰和相关习俗活动，故亦称"团圆节""女儿节"。因中秋节的主要活动都是围绕"月"进行的，所以又俗称"月节""月夕""追月节""玩月节""拜月节"；在唐朝，中秋节还被称为"端正月"。中秋节的盛行始于宋朝，至明清时，已与元旦齐名，成为我国的主要节日之一。关于中秋节的起源，大致有三种：起源于古代对月的崇拜、月下歌舞觅偶的习俗以及古代秋报拜土地神的遗俗。而中秋节吃月饼的习俗，是由元朝末年流传下来的。

会召唤在外的游子回家，即使身不由己，心也会乘月而归。中秋成为中国正式的节日始于唐代，把中秋作为团圆节，其盛行则始于宋代，据《东京梦华录》记载："中秋夜，贵家结饰台榭，民间争占酒楼玩月。丝篁鼎沸，近内庭居民，夜深遥闻笙竽之声，宛若云外。闾里儿童，连宵嬉戏。夜市骈阗，至于通晓。"中秋节新酒上市，家家争相购买品尝，到中午市场上就已经没酒可卖了。而晚上赏月，更是通宵达旦。直到如今，中秋节依然是我国仅次于春节的最重要的节日之一。

同样一轮圆月，对于团圆之人，它是热闹温润的，而对

瑶台步月图　（宋）陈清波

于离别之人，它又是孤寂清冷的。"海上生明月，天涯共此时。情人怨遥夜，竟夕起相思"，"不见乡书传雁足，惟见新月吐蛾眉"，"露从今夜白，月是故乡明"，"但愿人长久，千里共婵娟"，一首首传唱千古的诗词，与月亮相关，与思念相关，与家乡相关，将月亮定格成了一个符号，一个象征。"今人不见古时月，今月曾经照古人"，同一个月亮，照耀过古人，也照耀着今人，它见证并记载了太多的历史与故事，它的思想和它本身一样，敞亮，明晰，纯净但又含蓄，就这样干干净净、坦坦荡荡地挂在长空，因为一面无字的历史镜鉴，所以能让人读到思绪万千。

苏轼曾与客人在一个月圆之夜泛舟赤壁，溶溶的月光下，秋水共长天一色，恍若仙境，人亦飘飘乎如神仙，苏子高歌"望美人兮天一方"，畅饮葡萄美酒，纵情天地间而怡然自得。而同舟的客人却和之以如泣如诉的箫声，看到的是"月明星稀，乌鹊南飞"，联想到的是孟德周郎赤壁之战，不论何其轰轰烈烈的以往都会被历史的洪流淹没得无声无息，感叹人生何其短暂而发悲音。苏轼能够从水流逝而不往，月盈虚而不消长悟出"盖将自其变者而观之，

赤壁图（局部）　（宋）杨士贤

▶ 出自苏轼《前赤壁赋》。宋神宗元丰五年（1082）苏轼贬谪黄州（今湖北黄冈）时所作。因后来还写过一篇同题的赋，故称此篇为《前赤壁赋》，十月十五日写的那篇为《后赤壁赋》。赤壁：实为黄州赤鼻矶，并不是三国时期赤壁之战的旧址，当地人因音近亦称之为赤壁，苏轼知道这一点，将错就错，借景以抒发自己的感想。

则天地曾不能以一瞬；自其不变者而观之，则物与我皆无尽也"，这是物我一体的自然观与人生哲学，对生命的真谛参悟得非常透彻明白了，所以才能够尽情享受天地人生。

"少年读书，如隙中窥月；中年读书，如庭中望月；老年读书，如台上玩月。"清人张潮如是说。虽然这是用"窥月""望月""玩月"来譬喻读书的几个境界，但反过来也正说明，人生的境界不同，对同一个事物的认知与赏识深度也不同。可见，心境不同，阅历不同，自然观哲学观不同的人，同样的景观可以催生出不同的意境。同样的月亮，"举杯邀明月，对影成三人。我歌月徘徊，我舞影零乱"（李白《月下独酌》），是苦闷的孤寂，"缺月挂疏桐，漏断人初静。谁见幽人独往来，缥缈孤鸿影"（苏轼《卜算子》），是哀怨绝望的孤寂，"明月松间照，清泉石上流"（王维《山居秋暝》），是空明诗意的静寂，"明月出天山，苍茫云海间。长风几万里，吹度玉门关"（李白《关山月》），是壮阔的空寂。当然，月亮也不全是思念的离愁，孤独的空寂，除了团圆的欢欣，多愁善感的月亮还有着曼妙的浪漫主义色彩，如"月上柳梢头，人约黄昏后"（欧阳修《生查子·元夕》）的甜蜜与期待，伴月独行可以静静地享受一个人的世界，结伴清游，则可以在月色朦胧之中获得出离尘世的仙怡。

这是造化慷慨赐予我们的宝贝，所以我们应该尽情地享用。好多园林便将月亮这一绝妙的元素纳入到了园景之中。苏舜钦在《沧浪亭记》中提到竹子景观，最美的时候是"光影会合于轩户之间，尤与风月为相宜"，司马光《独乐园记》也没有忽略掉"明月时至，清风自来"这不花钱的美景，环溪有

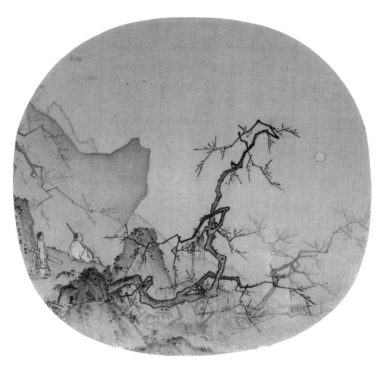

邀月赏梅图　（宋）马远

▶ 月到风来亭位于网师园内彩霞池西，踞西岸水涯而建，三面环水，取意宋人邵雍《清夜吟》诗句"月到天心处，风来水面时。一般清意味，料得少人知"。亭东二柱上，挂有清代何绍基竹对"园林到日酒初熟，庭户开时月正圆"。这是园林之亭的文人雅意所在。

▶ 取意于宋刘翰《种梅诗》："凄凉池馆欲栖鸦，采笔无心赋落霞。惆怅后庭风味薄，自锄明月种梅花"

"风月台"，水北胡氏园有"玩月台"，苏州网师园有"月到风来亭"，沧浪亭有"锄月轩"，都是以赏月为主题的景点。而天下赏月最佳去处莫过扬州。扬州瘦西湖的五亭桥，共有十五个拱洞，《扬州画舫录》中有这样一段记载："每当清风月满之时，每洞各衔一月。金色荡漾，众月争辉，莫可名状。"每到皓月当空，天上一轮圆月，水中十五轮圆月，景境妙绝，故有"天下三分明月夜，二分无赖是扬州"之美誉，杜牧诗"青山隐隐水迢迢，秋尽江南草木凋。二十四桥明月夜，玉人何处教吹箫"，正是对扬州明月的追思。

苏轼有一首《花影》诗："重重叠叠上瑶台，几度呼童扫不开。刚被太阳收拾去，却教明月送将来。"这是"影子"造就的意境。影在园林中可以分为两类，一类是物体受光后映在地面上的投影，一类是水中的倒影，都属于虚景行列。运用得当，可以在感觉上扩大园林空间，达到小中见大效果，并使园林充满诗情画意。先说光影。花木的影子落在地上、白粉墙上，此时的墙已不再是墙，纸也，影也不再是影，画也，摇曳的花木，斑驳的落影，生成了一幅幅泼墨的抽象山水画，而且还会随着时光的流转悄悄变幻，就像一幅幅有生命的画卷在不断地生长、变化，给人带来无穷的想象、期待和惊喜，是大自然送给园林的又一鬼斧神工之创作。虽然我们都知道"形影不离"，只要有光，影子就会存在，但只有与文人产生了某种关联之后的"影子"，才会具有文人的意味。北宋有个诗

绿窗清影图　吴湖帆（1894—1968）

人叫张先，对影子非常敏感，曾写下"云破月来花弄影""娇柔懒起，帘幕卷花影""柔柳摇摇，坠轻絮无影"三影诗句，将"影"之意境美体味得可谓是淋漓尽致，被时人唤作"张三影"。其实将"影"入诗的不仅仅是张先，同时代的王安石有"春色恼人眠不得，月移花影上栏干"诗句，陈与义的"杏花疏影里，吹笛到天明"，为我们形象地展现了一幅充满诗意的画图，徐伸的"闷来弹雀，又搅破，一帘花影"则是一种庭院内的慵懒和闲淡。文人这种顾影自怜的特性，使"影子"不可避免地带有了文人的意味，竹影摇窗，花影移墙的园林，也就有了更多的文人园林的意境。

　　至于水中的倒影，王铚有诗云："波面波心流蛱蝶，树头树底浴鸳鸯"，看，蝴蝶在水中飞舞，鸳鸯在枝头相浴，岸上

▶ 陈与义 (1090—1138)，字去非，号简斋，在北宋做过地方府学教授、太学博士，在南宋是朝廷重臣，又是一位爱国诗人，其主要贡献是在诗歌方面，给后世留下不少忧国忧民的爱国诗篇。亦工于填词。其词别具风格，以清婉秀丽为主要特色。著有《简斋集》。元代方回在《瀛奎律髓》中称杜甫为江西派的"一祖"，黄庭坚、陈师道、陈与义为"三宗"。

▶ 徐伸，字干臣，三衢（今浙江衢州）人。生卒年均不详，约宋徽宗政和初前后在世。知音律，善词，著有《青山乐府》一卷，已佚失。所作词仅存《转调二郎神》一首，《全宋词》转录此篇于《乐府雅词·拾遗上》。

拙政园倒影美景

景物倒映在水中，与水中景物交织融合成了一个新的世界，充满着神奇与趣味。"鱼在山中泳，花从天上开"水净顿无体，素鲔如游空。俯视见春鸟，时翻藻荇中"，还有辛弃疾的"溪边照影行，天在清溪底。天上有行云，人在行云里"，许许多多的诗句，写的都是倒影里的世界，像合成的动漫，颠覆现实，却虚幻得饶有意趣。现实世界里不可能出现的景象，却真真切切地出现在了倒影的世界里，倒影不仅扩充了园林空间，丰富了园林景物与层次，更使园林充满了发现的快乐与无尽的遐想。园林里这种以水影取胜的景观亦是不胜枚举。拙政园里就有两处，一个是倒影楼，一个是塔影亭。塔影亭取唐诗"径接河源润，庭容塔影凉"之意，亭子建在水池中心，亭影倒映在水中酷似塔影而得名。蓝天、白云、红色的塔影、嫩绿的浮

松溪白云图 （清）吴谷祥

萍，叠加在荡漾的碧波上，形成一幅波动的画图。苏州山塘街的塔影园，景观的处理更是巧妙，硬是凭借一方水池借来了园外虎丘云岩寺塔的倒影，园内并无塔却以塔名之，实可谓匠心独运。而圆明园的上下天光，则是凭借偌大的水面，借来了天光云影，景观之壮丽足可彰显皇家之气魄。

其他元素，云，具有自由、飘逸、仙的性格，"行到水穷处，坐看云起时"，如闲云野鹤般的生活，不仅是隐士、道家的追求，也是多数人的理想，所以，云也是被广泛借入到园林中的要素之一，仅艮岳，以"云"为名的景点就有跨云亭、麓云亭、巢云亭、云浪亭、云岫轩、蹑云台、挥云厅、留云石、望云坐龙、排云冲斗、锐云巢凤等，但从这些名字就可想见山水之间云雾缭绕的景况，宋徽宗当真是把艮岳当作人间仙境来建设了。香气，亦是激发诗情的优秀媒介，被花香弥漫的园林更还充满着禅意，花香总能让人从浮躁中沉静下来，心舒神怡而思绪悠远，所以"香气"也是文人园林之所钟爱，春天的兰草，夏天的风荷，秋天的桂子，冬天的寒梅，一年四季各有氤氲。园林中以香气命名的景点也非常多，如米芾研山园的"静香亭"，临安后苑的"天阙清香"（桂花），德寿宫的"香远清深"（梅、竹），集芳园的"雪香"，韩侂胄南园的"照香""红香""晚节香"等亭。今天苏州古典园林里头以香命名的景点，著名的有沧浪亭的"闻妙香室""清香馆"，留园的"闻木樨香轩"，怡园的"藕香榭"，拙政园的"远香堂""雪香云蔚亭"等。

取材于天文、气象的风月虚景，为园林艺术增添了无限广阔的想象天地，与山石、水体、植物、建筑等实景一起构

▶ 虎丘位于苏州城西北郊，有二千五百多年悠久历史，原名海涌山，相传春秋时吴王夫差葬其父于此，葬后三日有白虎踞其上，故改名为虎丘山。虎丘依托优秀的人文与自然景观，享有"吴中第一名胜"之称，自古以来就是著名游览胜地，宋代大文豪苏东坡曾说过："到苏州不游虎丘者，乃憾事也。"云岩寺塔又名虎丘塔，始建于隋文帝仁寿九年（601），现存的虎丘塔建于959至961年，八角仿木结构楼阁式七层砖身木檐塔，顶部和木檐遭到毁坏，现存塔身高48米，塔顶轴心向北偏东倾斜约2.34米，斜度为2.48度，但斜而不倒屹立千年，被称为中国的"比萨斜塔"。关于这座斜塔，苏州民间流传着一个有趣的传说。不知是哪一个朝代，虎丘塔倾斜得越来越厉害，急坏了土地公公，他想来想去，只能用神威来救虎丘塔。这天晚上，苏州城的男女老少个个做了个梦，梦中被喊去拉绳，拉正虎丘塔。第二天一早醒来，人人都觉得腰酸背痛。据说，苏州吃"撑腰糕"的风俗就是从这件事开始的。

虎丘图卷（部分）　（明）谢时臣

成了完整的园林艺术。苏州虎丘冷香阁的楹联"梅花香里钟声，潭水光中塔影"，以及林逋的咏梅名句"疏影横斜水清浅，暗香浮动月黄昏"，形象地反映了园林艺术虚实相生这一特色，虚的香、声、光、影、月，与实的水、树、建筑，共筑此情此景，缺一不可。关于清风明月，苏轼在《前赤壁赋》中写道：

　　且夫天地之间，物各有主；苟非吾之所有，虽一毫而莫取。惟江上之清风，与山间之明月，耳得之而为声，目遇之而成色，取之无禁，用之不竭，是造物者之无尽藏也，而吾与子之所共食。

　　恰巧李白也有"清风明月不用一钱买"之言，白居易则更绝："新昌小院松当户，履道幽居竹绕池。莫道两都空有宅，林泉风月是家资。"不仅不用花一钱，更将风月拿来当作自家资财（当然是精神之财富）。从诗情画意的营造角度来说，实景不如虚景，从厉行节约的角度来说，实景更不如虚景，所以，作为设计师，我们应当珍惜造化之所馈赠，在园林的设计之中，时时不要忘

记对风花雪月的邀约。

三、茶禅一味

　　《清明上河图》众多的店铺中，除了酒店餐馆之外，还有大量的茶馆。《东京梦华录》里也有"李四分茶""薛家分茶""御廊西即鹿家包子，余皆羹店、分茶、酒店、香药铺、居民""街北山子茶坊，内有仙洞仙桥，仕女往往夜游，吃茶于彼"等记载。中国是茶的故乡，饮茶习俗自古有之，尤其在宋代，古语有"文人七宝：琴棋书画诗酒茶"，茶在文人士大夫阶层盛行自不待言，而由于最高统治者皇帝嗜茶，尤其是风雅皇帝赵佶，对茶不但痴迷，还著书立说，撰写了《大观茶论》，并且经常亲自烹茶赐宴群臣，更使得斗茶、分茶之风在官僚贵族之间盛行为一种附庸风雅的游戏，甚至下至百姓。据传平民百姓的"开门七件事：柴米油盐酱醋茶"之说就出于宋代，茶在老百姓的日常生活之中，居然和柴米油盐这些维持生命的必需之物同等重要，所以在《清明上河图》中出现众多的

▶ 蔡京在《大清楼特宴记》、《保和殿曲宴记》《延福宫曲宴记》中都有记载。如《延福宫曲宴记》写道："宣和二年十二月癸己，召宰执亲王等曲宴于延福宫……上命近侍取茶具，亲手注汤击拂，少顷白乳浮盏面，如疏星淡月，顾诸臣曰：此自布茶。饮毕皆顿首谢。"

▶ 引自蔡襄《茶录》。
《茶录》，是蔡襄（1012—
1067）有感于陆羽《茶经》
"不第建安之品"而特地向
皇帝推荐北苑贡茶之作，是
宋代重要的茶学专著。全书
分为上、下两篇，上篇论茶，
分色、香、味、藏茶、炙茶、
碾茶、罗茶、候汤、熁盏、
点茶十目，主要论述茶汤品
质和烹饮方法；下篇论器，
分茶焙、茶笼、砧椎、茶铃、
茶碾、茶罗、茶盏、茶匙、
汤瓶九目，是继陆羽《茶经》
之后最有影响的论茶专著。

茶馆也就不足为奇了。

斗茶，就是比试茶品好赖，源起于贡茶。最初是一些地方官吏和权贵为了进贡优质贡茶以博取皇帝欢心而进行的选茶活动，苏轼《荔枝叹》诗反映的正是这种情况："君不见武夷溪边粟粒芽，前丁（渭）后蔡（襄）相笼加，争新买宠各出意，今年斗品充官茶。"斗茶活动一般选择在大的

文会图轴　（宋）赵佶

茶馆或者环境优美的园林庭院中进行，对茶的比斗主要包括两个方面，一是汤色，即茶水的颜色，由于宋时饮用的是白茶，所以"茶色贵白"，"以青白胜黄白"。苏轼有诗云："要知冰雪心肠好，不是膏油首面新。戏作小诗君莫笑，从来佳茗似佳人"，就是对白茶的形容。二是汤花，即指汤面泛起的泡沫。宋时的饮茶方法跟现代不同，茶要碾成茶粉，用水冲调，茶和汤是一起同食的，烹茶技艺也跟现代茶艺不同，分为炙茶、碾茶、罗茶、候汤、熁盏、点茶等步骤。首先用微火将茶饼炙干，细细碾成粉未，再用绢罗细细筛过，这是所谓炙茶、辗茶、罗茶。然后烧水，候汤就是掌握点茶用水的沸滚

程度，唐代人煮茶讲究"三沸水"，水在刚三沸时就要烹茶，再煮，水就老了，"汤嫩则茶味甘，老则过苦矣。"所以候汤是非常关键的一个步骤，蔡襄认为"候汤最难，未熟则沫浮，过熟则茶沉。"在点茶前，须先用沸水冲洗杯盏，"令热，冷则茶不浮"，叫作

斗茶图 （宋）刘松年

▶ 引自南宋罗大经《鹤林玉露·茶瓶汤候》。
《鹤林玉露》分三编十八卷，半数以上评述前代及宋代诗文，记述宋代文人轶事，有文学史料价值。罗大经（1196—1252 后），字景纶，号儒林，又号鹤林，南宋吉水人，宝庆二年进士，有经邦济世之志，对先秦、两汉、六朝、唐、宋文学评论有精辟的见解。著《易解》十卷(已佚)。取杜甫《赠虞十五司马》诗"爽气金无豁，精淡玉露繁"之意写成笔记《鹤林玉露》一书。此书对南宋偏安江左深为不满，对秦桧乞和误国多有抨击，对百姓疾苦表示同情，其中有不少记载，可与史乘参证，补缺订误。更为重要的是，对文学流派，文艺思想，作品风格，作过中肯而又有益的评论。

"燖盏"。点茶时，先将适量茶粉用沸水调和成茶膏，再添加沸水，边添边用茶匙击拂，使茶汤表面泛起一层浓厚的泡沫，泡沫多且停留时间长者为胜。

点茶时开水注入茶碗，茶盏中会浮起白沫，所谓分茶就是游戏这些白沫的技艺。点水入盏，白沫浮于水面，会形成千奇百怪的画面，有的如水墨山水云雾，有的如狂草劲书，有的像禽兽虫鱼花草，故有"水丹青"之称。点茶的过程，好比书写绘画，其实就是艺术创作的过程，品茶，也即是在品艺术。画艺有高低，茶艺自然也就分高下，要使茶汤汤花在瞬息间显示出瑰丽多变的景象，需要较高的沏茶技艺，沏茶人也要求如书画者一样要胸中有丘壑，才能创作出高水平

▶ 分茶又称茶百戏、汤戏或茶戏，宋代流行的一种茶道，以开水注入茶碗的技艺。分茶是表现力丰富的古茶艺，能够用茶和水为原料在茶汤中形成文字和图像，给人以赏心悦目的艺术感受，所以古人又称之为水丹青。

托名为陶谷的《清异录》中有关于"茶百戏"的描述："别施妙诀，使汤纹水脉成物象者。禽兽虫鱼花草之属，纤巧如画，但须臾即就散灭。此茶之变也，时人谓茶百戏。"还讲了一个长于分茶的人，能在一盏茶中点出一句诗来，四盏茶并放在一起，茶汤表面飘着的就是一首绝句。

要使茶汤汤花在瞬间显示出瑰丽多变的景象，需要较高的沏茶技艺。宋代是用"点"茶法。宋徽宗赵佶在《大观茶论》中专门论述了点茶之道："搅动茶膏，渐加击拂，手轻筅重，指绕腕旋，上下透彻，如酵蘖之起面，疏星皎月，灿然而生。"

的汤花来。宋词人向子𝅪有《浣溪沙》一首题云："赵能善棋、写字、分茶、弹琴。"把分茶与琴、棋、书等艺同列到一个高度，可见分茶是作为一种高雅的文化活动而被当时文人士大夫喜爱与推崇的。

　茶宴不仅流行于宫廷、贵族、文人之中，一些寺院也经常会定期主持禅林茶宴，其中最负盛名的当属径山寺茶宴。径山寺于唐代建于浙江天目山东北峰径山，自宋至元享有"江南禅林之冠"的美誉，每年春季都要举行茶宴，召集天下僧人、香客、文人高士，品茗论经，切磋佛理。径山茶宴是中国禅门清规和茶会礼仪结合的典范，包括张茶榜、击茶鼓、恭请入堂、上香礼佛、煎汤点茶、行盏分茶、说偈吃茶、谢茶退堂等十多道仪式程序，宾主或师徒之间用"参话头"的形式问答交

明摹宋人撵茶图

谈，机锋偈语，慧光灵现，是中国禅茶文化的经典样式。日本的茶道就是在宋朝时期日本僧人南浦昭明禅师从径山寺带回去的仪式和用具的基础之上诞生的。

其实，说起茶与佛教的关系真是渊源颇深。禅教要求僧人坐禅时不食不寐，但可以饮茶。茶不但有提神消困助消化之功效，还能让人静心忘俗，有益于修行，所以饮茶之风首先在和尚之间盛行，然后由僧人传播到民间，带动民间饮茶的兴盛，兴于唐，盛于宋。不止如此，寺庙还是茶树栽培、加工的胜地。我们都知道，茶叶是天地之精华，深山云雾之间才最易出好茶，俗语说"自古高山出好茶"，这句话却不谋而合地对应了那句——"天下名山僧占多"，于是寺庙和茶便结下了不解之缘，许多名茶就出于寺院，如普陀佛茶、建茶、籽山茶等。

但是茶与禅的关系远不仅仅止于物质关系，茶禅关系的核心在于其精神内涵的相通、相近，即所谓"茶禅一味"。茶之精神，宋徽宗在《大观茶论》的序文中说："至若茶之为物，擅瓯闽之秀气，钟山川之灵禀，祛襟涤滞，致

调琴啜茗图　（唐）周昉

▶ 出自皎然和尚《饮茶歌诮崔石使君》诗。

皎然，唐代诗僧、茶僧。生卒年不详。俗姓谢，字清昼，吴兴人。擅长写诗，著述甚多，所撰《诗式》五卷，是唐代较系统的诗论专著，诗名显赫，和另外两位诗僧贯休和齐已齐名。与茶圣陆羽为莫逆之交，同居妙喜寺，与历任州县长吏、过往士大夫及江南隐士词客刘禹锡、孟郊、陆长源、韦应物等人交游唱酬不绝，唱和作品结集为《吴兴集》十卷。

清导和，则非庸人孺子可得而知矣，中澹闲洁，韵高致静。则非遑遽之时可得而好尚矣。"将"清、和、澹、洁、韵高致静"奉为品茶的精神境界以及君子应追求的道德操守。茶人希望通过饮茶把自己与山水、自然、宇宙融为一体，在饮茶中求得美好的境界以及精神的升华，本身即蕴含着禅意的美。禅宗的宗旨是"静心""自悟""顿悟"，而所谓"悟"，无非是将事情、事物看得清了、看得淡了，内心得到了平静。这与茶的境界是一致的。正因为茶与禅在精神层面的相通才使得皎然和尚能够将二者如水乳般交融在一起："一饮涤昏寐，清思爽朗满天地；再饮清我神，忽如飞雨洒轻尘；三饮便得道，何须苦心破烦恼。"范仲淹亦有诗云"斗茶味兮轻醍醐，斗茶香兮薄芝兰"，看来饮茶确实有让人茅塞顿开、顿悟之功效。饮茶亦可得道，茶中有道谓之茶道，禅与茶的连结，把饮茶从日常生活的层面以及分茶艺术的层面提高到了精神的高度。

儒家讲究"以茶利礼仁""以茶表敬意""以茶可雅志"，皆可归为"以茶可行道"，茶道的最高境界是"和"，最终可归之于儒家以礼教为基础的"中和"或者"和谐"思想。"寒夜客来茶当酒，竹炉汤沸火初红。寻常一样窗前月，才有梅花便不同"，这是历史上的茶诗名句（南宋杜耒《寒夜》），不仅描述了饮茶之意境美，更大的价值在于书写了千百年华夏民族"以茶代酒""以茶敬客"的礼仪文化底蕴。而茶文化虚静恬淡的自然本性，又与道教清静无为、自然而然的思想极其契合，隐逸亦是推动茶事向前发展的动力。卢仝《饮茶歌》："一碗喉吻润，二碗破孤闷。三碗搜枯肠，惟有文字五千卷。四碗发轻汗，平生不平事，尽向毛孔散。五碗肌骨清，六碗通仙灵。

七碗吃不得也，唯觉两腋习习清风生。蓬莱山，在何处？玉川子乘此清风欲归去。"将喝茶的妙处展示得淋漓尽致，七碗茶的意境层层深入，喝到五六七碗便已了不得，几欲得道成仙，饮茶几乎等同于修道了。

总体来说，中国茶文化的千姿百态与其盛大气象，是儒、释、道与茶互相渗透、综合作用的结果。中国茶文化最大限度地包容了儒释道的思想精华，融汇了三家的基本原则，从而在茶文化的境界中也就同时蕴含了宗教境界、道德境界、艺术境界和人生境界，因而其意境也最为丰富。

既然文人游离于儒道释三家之中创造出崭新的文化形态是宋代文化的特点，那么由儒道释三家共同作用推动发展的茶文化，少了文人的参与，自然也就不能算是真正的文化了。文人参与茶艺活动，创作了大量的有关茶的诗词歌赋文章以及书画，这是构成中华茶文化的基础。

作为一种高雅艺术活动的饮茶，在略带着些微酸味的文人文化的浸染下，势必会产生出一些讲究。比如宋代茶文

竹里煎茶图　（清）陆恢

化就有"三点"与"三不点"之讲究，"三点"为新茶、甘泉、洁器为一；天气好为一；风流儒雅、气味相投的佳客为一。"三不点"为茶不新、泉不甘、器不洁，为一不；景色不好，为一不；品茶者缺乏教养举止粗鲁为一不。只有在茶好、水好、器皿好、人好、环境好这种"天时、地利、人和"俱佳的状态下才能点茶品茗，甚至于对于美好环境的领略也成了茶文化很重要的一个组成部分。那么，什么样的环境才是最适宜于茶的环境呢？

中唐钱起曾记载了一次与赵莒的茶宴，"竹下忘言对紫茶，全胜羽客醉流霞。尘心洗尽兴难尽，一树蝉声片影斜。"诗中描绘了一幅天然啜茗图，竹林、斜阳、蝉声、紫茶香，高洁清幽，自然而意境淡远。

杜甫则是在一个春日的傍晚，坐在友人家的平台上饮茶，诗兴悄然而至，随手将其

松溪品茗图　（明）陈洪绶

题在一片梧桐叶上，翡翠鸟不时地在衣桁上鸣唱，蜻蜓在湖中钓丝上小憩，岁月静好，多希望这一刻能够凝结为永恒。这是一幅温馨啜茗图。

　　隐逸高士魏野的"达人轻禄位，居处旁林泉。洗砚鱼吞墨，烹茶鹤避烟。"描写的则是园居饮茶场景。林、泉、砚、墨、鱼、鹤、茶，无不传达着诗人的诗书雅致与隐逸志趣。这是一幅高隐啜茗图。

▶ 重过何氏五首（之饮茶诗）
　　杜甫
落日平台上，春风啜茗时。
石阑斜点笔，桐叶坐题诗。
翡翠鸣衣桁，蜻蜓立钓丝。
自逢今日兴，来往亦无期。

▶ 魏野，字仲先，号草堂居士，谥陕州处士，北宋著名诗人，终生不仕，一生清贫，名声在林逋之上。世代为农，自筑草堂于陕州东郊，一生乐耕勤种，亲手植竹栽树，凿土引泉，将所居草堂周围环境布置得景趣幽绝，常在泉林间弹琴赋诗，多吟咏陕州风土人情、田园山水，诗风清淡朴实。大中祥符初（1008），辽国契丹皇帝派使到京都，对真宗说他们全国上下都喜欢魏野的诗，希望大宋能把《魏野诗集》的下半部给他们，宋真宗方知原来魏野名声这么大，就请魏野出庄为官。魏野以"麋鹿之性，顿缨则狂，岂可瞻对殿墀"为由拒绝。寇准被罢京谪陕州任知州时，曾亲自拜访魏野，魏野赠诗劝寇准："好去天上辞将相，归来平地做神仙。"他居住过的草堂山庄被誉为陕州八景之一——"草堂春晓"。

烹茶洗砚图　（清）钱慧安

这是透过诗句我们领略到的古人品茗的环境及其不同的意境的传达。此外，还有非常多的绘画作品，可以帮助我们更加直观、生动地了解到古人斗茶、分茶、品茗的场景和环境。

明代丁云鹏的《玉川煮茶图》，是根据卢仝《走笔谢孟谏议寄新茶》诗意而作。画中卢仝坐在天然石凳上，手持团扇，聚精会神地盯着面前熊熊炉火上的茶壶候火定汤，一老仆手托捧盒侍立一旁，还有一老仆去提壶汲水，背景为竹石芭蕉和盛开的草花，前面的地上似乎还有一束柳枝。这是春天花园里的品新茗。

文徵明的《惠山茶会图》描绘的是文徵明同好友蔡羽、汤珍、王守、王宠等游览无锡惠山，品茗

玉川煮茶图　（明）丁云鹏

饮茶、吟诗唱和的情景。在一片松林中有座茅亭泉井，诸人冶游其间，或围井而坐，展卷吟哦，或散步林间，赏景交谈，或观看童子煮茶。优雅的环境，高雅的活动，文雅的诗人，使画面传达着浓浓的书卷诗意和自然之趣。惠山以泉水而闻名于江南，赵佶在《大观茶论》里对其评价甚高："水以清轻甘洁为美。轻甘乃水之自然，独为难得。古人品水，虽曰中泠惠山为上，然人相去之远近，似不常得。但当取山泉之清洁者。其次，则井水之常汲者为可用。若江河之水，则鱼鳖之腥，泥泞之污，虽轻甘无取。"因为有了好水，所以茶在此地才分外的清香甘甜。

从众多的诗词书画中不难发现，茶艺活动总是在一个淡泊宁静、雅致自然、空灵隽永的环境中进行。这正是宋文人园林的特征，文人园林的境界无疑是和茶既有的"清、和、静、雅"之精神与自然之属性相符合的。所以，斗茶、分茶、品茶也就成了文人士大夫园居活动的一项非常重要的内容，茶的意境同时也就成了园林的意境。但在中国的园林里，你很难找到像日本园

惠山茶会图　（明）文徵明

林里专门进行茶道活动的茶庭、茶室等建筑或者专门饮茶的园林空间。这大概也是茶禅一味精神的体现吧，禅宗讲究"于境而不着境""见心见性"，讲究"顿悟"而不拘泥于形式，白居易的《僧院花》："欲悟色空为佛事，故栽花树在僧家。细看便是华严偈，方便风开智慧花。"便是对这种修行方式的领悟。茶道也便秉持这种精神，何必专门的茶室茶庭，却随便在茅舍、草亭、松下、花畔、溪旁，一样可以得到茶的境界，即使是身处闹市，只要心静，茶亦香。所谓意境，在乎"境"，更在乎"意"，修行到了一定的高度，是可以"得意忘形"的。

品茶图 （明）文徵明

［链接］

风月无边，"虫二"的由来

风月无边，极言风景之胜。出自宋朱熹《六先生画像·濂溪先生》："风月无边，庭草交翠。"宋邵雍亦有《世上吟》诗："光阴有限同归老，风月无涯可慰颜。"

在泰山万仙楼北侧盘路之西，有一摩崖石刻，上刻"虫二"二字，是清光绪二十五年（1899）历下才子刘廷桂立题镌的。据民间传说，当年刘廷桂邀杭州友人登泰山至此，看到眼前景色蔚然深秀，一切景物都在云盘雾绕之中，灵机一动，当即挥毫写下了"虫二"二字。朋友问何意？他说，这里虽没有无边风月之亭，但的确风月无边啊。

进入现代，随着泰山的名声越来越大，来此朝圣的人越来越多，很多人曾猜测过它的意思，都未能如愿，直至郭沫若考证出石刻的真正意义。1961年郭沫若先生登泰山，专门看了这两个字，沉思片刻，用手在"虫二"两个字外边各加两笔，"虫二"变成了"风月"。郭沫若笑道："这两个字应读作'风月无边'，不过是古代名士的文字游戏罢了。"

刘廷桂所说的"无边风月亭"，指的是杭州西湖的湖心亭，乾隆皇帝下江南曾为其题写"无边风月"匾额，如果刘廷桂在这里再次重复这四个字就是犯上，刘廷桂因"避讳"，灵机一动，题下"虫二"。

值得一提的是，刘廷桂的这一"避讳"字，竟被人"反拿"到杭州西湖1953年重建的一层二檐、金黄琉璃瓦顶的无边风月湖心亭一石碑上，并演义为当年乾隆下江南时的"御笔"。所以现在就有了两个"虫二"景观。

扬州瘦西湖

　　瘦西湖其实是扬州城外一条较宽的河道，原名保扬湖，面积 480 多亩，长 4.3 公里，宽不及百米，原是唐罗城、宋大城的护城河遗迹，南起北城河，北抵蜀冈脚下。隋唐时期，瘦西湖沿岸陆续建园，明清时期，许多富甲天下的盐业巨子纷纷在沿河两岸，不惜重金聘请造园名家擘画经营，构筑水上园林。瘦西湖园林群景色宜人，融南秀北雄为一体，在清代康乾时期即已形成基本格局，有"园林之盛，甲于天下"之誉，康熙和乾隆两位皇帝均六次南巡来此，对这里的景色赞赏有加。

　　乾隆极盛时期沿湖有二十四景：卷石洞天、西园曲水、虹桥览胜、冶春诗社、长堤春柳、荷浦薰风、碧玉交流、四桥烟雨、春台明月、白塔晴云、三过流淙、蜀岗晚照、万松叠翠、花屿双泉、双峰云栈、山亭野眺、临水红霞、绿稻香来、竹市小楼、平岗艳雪、绿杨城廓、香海慈云、梅岭春生、水云胜概，有"两堤花柳全依水，一路楼台直到山"之赞。

　　瘦西湖名称的来历，是乾隆年间寓居扬州的诗人汪沆的一首感慨富商挥金如土的诗作："垂柳不断接残芜，雁齿红桥俨画图；也是销金一锅子，故应唤作瘦西湖。"如今之"瘦"，是喻景色秀美之意。

　　清嘉庆二十年（1815）后，扬州盐业衰退，湖上园林也逐渐萧条荒废。此后这里又经历了太平天国时期的战乱，残破不堪，光绪年间恢复了一小部分五亭桥，小金山。

　　20 世纪 80 年代又恢复了二十四桥、熙春台、卷石洞天等景点。2007 年恢复四桥烟雨、石壁流淙等景点。如今的瘦西湖"十余家之园亭合而为一，联络至山，气势俱贯。"从乾隆御码头开始，沿湖过冶春、绿杨村、红园、西园曲水，经大虹桥、长堤春柳，至徐园、小金山、钓鱼台、莲性寺、白塔、凫庄、五亭桥等，再向北至蜀岗平山堂、观音山止，湖长十余里，犹如一幅山水画卷，既有天然景色，又有扬州独特风格的园林，是国内著名的风景区之一。

日 本 茶 庭

552 年，佛教东传，中国园林对日本的影响扩大，禅僧的生活态度以及携来的茶和水墨山水画等都对日本上层社会产生很大影响，从而也引起日本住宅和园林建筑的变革——禅、茶、画三者结合孕育而成的思想情趣，使日本庭园产生一种洗练、素雅、清幽的风格。

饮茶在日本成为一种艺术是在室町时代（1337—1582），以禅宗思想为主导，判定饮茶的仪注，同时融入了"士人文化"的隐逸思想，把斗茶的意愿改变为陶冶人的内在涵养精神，培养人们礼让恭谦的品德，是茶道的雏形。桃山时代，伟大的艺术家千利休通过改革，创造了茶道社会，将禅宗精神融合到了人们的日常生活中，茶道开始从幽闭的寺院走到日本社会，并成为人们修身养性的一门艺术。随着茶道的发展，园林也多了一种类型——茶庭，在日本是与茶室相配的庭院，是日本庭园艺术中很有特色的作品类型。

茶庭也叫露地，是源自茶道文化的一种园林形式，至今茶庭的景观作用已大于实用功能。茶庭式园林一般是在进入茶室的一段空间里，按一定路线布置景观，以拙朴的步石象征崎岖的山间石径，以地上的矮松寓指茂盛的森林，以蹲踞式的洗手钵联想到清冽的山泉，以沧桑厚重的石灯笼来营造和、寂、清、幽的茶道氛围，有很强的禅宗意境，从中可见茶道本身的精神：清、静、和、寂，其思想背景为佛教，其思想的核心是禅。

第六章 繁华背后

隐藏的历史真相

欣赏《清明上河图》，人们往往习惯上将之分为三段，开篇描述郊野风光，末段表现城内市肆，汴河景观则作为整个画面中心置于中段。从郊野进入汴河，首先映入眼帘的，是泊靠在岸边的七八艘漕船，岸边是两个码头，舟人们正在紧张地将粮食从船上卸下背进粮仓。即使是到了整幅画面的高潮——虹桥，夺人眼球的依然是河中一条正面临着险情的大船。在表现汴河风光的约两米多长的画面中，作者不惜重笔，画了约有二十八艘船只之多，以汴河的漕运之盛，来暗喻汴梁之繁荣。

汴河是隋代开凿的大运河中的一部分，承担着把产自江淮苏浙的粮米运往京师的重任，每年运来的米麦多达七百万石，是一百多万汴京人口的生命线。孟元老在《东京梦华录》中这样形容它的重要性："（汴）河自西京洛口分水入京城，东去至泗州入淮，运东南之粮，凡东南方物，自此入京城，公私仰给焉。"河上各种运输粮食、货物的船只，终年络绎不绝之盛况，周邦彦在《汴都赋》中也作了重点描述：

《清明上河图》中的船　　（北宋）张择端

于是自淮而南，邦国之所仰，百姓之所输，金谷财帛，岁时常凋。舳舻相衔，千里不绝。越舱吴艚，官艘贾舶，闽沤楚语，风帆雨楫。联翩方载，钲鼓镗鞳苔，人安以舒，国赋应节。

汴河的热闹景象及其之于当时开封经济的重要性自是不言而喻。难怪太祖赵匡胤自豪地将之与惠民河、五丈河一起喻为三条宝带，大宋之所以定都开封，与汴河亦不无关系。

但这里我们想要表达的主题并不是汴河的漕运是如何之盛，而是想探究一下这繁华背后所隐藏的一些历史真相。

据考证，《清明上河图》表现的是徽宗政和、宣和年间的城市景象和自然风光，从政和到宣和，时间为1111年至1125年。而在这个时间段内，徽宗正疯狂地建造两处园林，一处是延福宫，开始于政和三年（1113），另一处就是艮岳，建造于政和七年至宣和四年（1117—1122）。说到艮岳，自然就不得

归舟载石图卷　（清）李修易

▶ "纲"意指一个运输团队，从唐玄宗时期开始，水运以十艘船编为一"纲"，以便于管理。花石纲是中国历史上专运送奇花异石以满足皇帝喜好的特殊运输交通名称。当时指挥花石纲的有杭州"造作局"，苏州"应奉局"等，奉徽宗之命对东南地区的珍奇文物进行搜刮。由于花石船队所过之处，当地的百姓，要供应钱谷和民役；有的地方甚至为了让船队通过，拆毁桥梁，凿坏城郭。因此往往让江南百姓苦不堪言，《宋史》有记载花石纲之役："流毒州县者达二十年。"

不先说说"花石纲"。

宋徽宗是一个特别垂意花石的玩家，1101年，刚登大宝之年，为修景灵西宫，从苏州、湖州开采了四千六百枚太湖石运至京城，这是花石纲的滥觞。为了满足这一嗜好，他于次年三月命童贯在杭州、苏州设"造作局"，又于1105年在苏州设"应奉局"，职责就是专门在东南各地为其搜刮奇珍异宝、奇花异石，并运至东京供其赏玩，由朱勔负责。恰朱勔又是一个心狠手辣、无所不用其极的人物，于是："凡士庶之家，一石一木稍堪玩者，即领健卒直入其家，用黄封表识，指为御前之物。"老百姓稍有不从，或不小心弄坏了指认的石头，养死了被选中的花木，便被扣上"大不恭"的罪名，轻

菊石野兔　（明）徐霖

则流放，重则砍头。搜刮到的东西要被运走时，动辄还要毁屋挖墙，趁机抢掠，甚至为了运送高大的太湖石，还不惜一路凿城拆桥，就连押运的舟人也仗势横行，危害沿途百姓。搜刮到的东西以数十百万计，装上吨位惊人的大船，由水路浩浩荡荡地运往东京，这专门为皇上运输花石宝物的船只，往往十艘组成一"纲"，称作"花石纲"。老百姓深受花石纲之害，真是苦不堪言。最终因不堪花石之扰，以花石纲为导火索，于宣和二年（1120）十月，爆发了方腊起义，起义虽仅半年便被平复，但也给了北宋统治者一记沉重的打击，撼动了本来就不强大的北宋政权。

同年，宋徽宗被迫下令罢免朱勔，停运花石纲。但在起义被平复之后，很快，1121年的闰五月，徽宗就又恢复应奉局、造作局，再次启用朱勔，恢复花石纲的掠夺。从徽宗即位（1101）到靖康之耻（1126），总共不过二十五年间，花石纲之役却"流毒州县者达二十年"（《宋史》），尤其是在其疯狂建设延福宫和艮岳前后（1113—1122），也恰是政和、宣和时期（1111—1125），即《清明上河图》所描绘的年代。其时汴河上首尾相继、往来不绝的船只，除了送粮的漕船，更跋扈壮观的应是运送石头的花石纲。但在画上，我们却找不到一艘载着石头花木的船只，难道这不是一个很奇怪的现象？张择端为什么要刻意回避这个问题？

无独有偶的是，孟元老在成书于南宋高宗时期（1147）的《东京梦华录》里，写尽了北宋东京政和、宣和年间之繁华胜景，也尽记了京城内外大大小小的园林，唯独不见对最著名的艮岳有只言片语的记载。如果非要说张择端做画的时候恰恰是徽宗停运花石纲的时候，那么，孟元老在东京居住生活的时间为徽宗崇宁二年（1103）至靖康元年的次年（1127），几乎是整个徽宗朝的年间，他肯定经历了艮岳的建设与辉煌，但却对其闭口不谈，这又是为何？

我们先来分析这个问题。孟元老之所以绝口不提艮岳，我想是因为它带

▶ 邓孝先，名邦述，字孝先，号应斋，又号沤梦老人，因藏宋刻本《李群玉集》及《碧沙集》，别署群碧楼主。清光绪辛卯年（1891）举人，戊戌年（1898）进士，任吉林民政使，为官清廉。通晓古文诗词，善校书，精批注。收藏极富，为我国近代著名藏书家之一。

▶ 常茂徕，清代开封文化名人，字逸山，又号痛定思痛居士。二十四岁为秀才，因屡试不遇，遂专心研究学问，尤其注重乡邦文献的搜集和整理。一生著述三十余种，今存《春秋女谱》《石田野语》《洛阳石刻录》等刊本和《怡古堂文钞》稿本两册。还刊刻《增订春秋世族源流考》等九种。整理、注释的《如梦录》，是研究明代开封及明代城市社会、经济的重要书籍，向为史家所重视。

给国家和百姓的伤害太深了，花石纲之祸，以及随之而来的亡国之恨，那种深透骨髓的痛，让人不堪回首，不忍提及。但那又是故国家园哪，谁能不念，又谁能不爱？因此才刻意避开伤痛，所回忆的皆是无限繁华，无限美好。但我们应该能在这繁华与美好背后，读出作者深藏的国恨乡愁。那是一种深埋在心底，"欲说还休"、无法用言语表达的感情。

幽篁秀石图　（元）顾安

也有人推测说孟元老本人，其实就是奉旨主管修建艮岳的孟揆，邓孝先所收藏《东京梦华录》的抄本中，有常茂徕的跋文如下：

艮岳为一时巨观，且以萃天下之名胜，独缺而不书。

　　谢朴园序指为宣和讳，以余观之，讳诚是矣，而为宣和讳则非。何则？
花石之进，为太守朱勔；艮岳之筑，专其事者为户部侍郎孟揆。揆非异人，
即元老也，元老其字而揆其名者也。推元老之意，亦知其负罪与朱勔等，
必为天下后世所共指责，故隐其名而著其字。

　　不管孟元老是不是孟揆本人，但从书中对各种宫廷活动颇深谙熟稔的记
述推断，孟元老应该就是朝廷中人而非普通百姓。若是，则其的刻意回避，
大概是深知自己的罪恶深重，怕被后世万民诟病。但一段祸国殃民的历史，
岂是能够被如此轻易遮掩的？

　　在徽宗朝稍早之前有一个校书郎李格非，经过几年对洛阳园林的考察，
于绍圣二年（1095）完成一部传世名书——《洛阳名园记》，记载当时洛阳的
名园，自富郑公（富弼）以下共十九处。在他撰写此书的时候，常常愁眉不
展，独自沉思，他的女儿李清照就问父亲：您是为文章的谋篇布局忧心吗？
李格非回答说："唉！不为文章忧，乃为大宋愁！"为什么会因园林而引发出
对国家的担忧呢？

　　李格非在《洛阳名园记后》中说：

　　　　予故尝曰："园圃之废兴，洛阳盛衰之候也。"且天下之治乱，候
　　于洛阳之盛衰而知；洛阳之盛衰，候于园圃之废兴而得，则《名园记》之作，
　　予岂徒然哉！

　　这段话已经是我们第二次引用了。第一次引用，是为了反证：天下的兴
盛会促成园林的兴盛，是为了证明北宋园林建设的成就。而这一次引用，我
们却是为了剥下园林这件华美的外衣，追问作者写此文章的真实意图。

　　其实上段话作者已经给出了答案，文章虽然写的是名园盛况，实际表达

的却是作者对北宋朝廷达官贵人日益腐化，到处营造园圃台榭供自己享乐的担忧，寄托的是作者对国家安危的忧思。

李格非当时居住在东京，他为什么不记述东京的园林，而是不辞辛苦地一次次往返于洛阳，去考察洛阳的园林呢？究其原因，盖是采用了"曲线救国"的讽谏策略。大兴土木大概是每一位皇帝表达自己皇家气派最喜爱的手段，直言进谏劝告皇上不要劳民伤财去大兴园林宫苑，恐怕不会有哪位皇帝愿意接受，说不定还会招致祸端。所以李格非只好采用一种比较委婉的方式，借用唐代的高亭大榭与唐共灭俱亡的事实来暗喻当朝后世，不要忘记前车之鉴，及时修正当前大兴园林、贪图享受的危险局面。

张择端之所以不画花石纲于清明上河图上，大概也是采用了这样一种委婉的方法来劝谏徽宗：汴河是用来运输粮米的生命之河，河上往来的应该是满载粮米的船只，而不是花石。从此就让花石纲消失吧，把汴河还给漕运，

碧桃倚石图　（宋）马世荣

寿石图　（明）米万钟

还给大宋的子民！

　　或者也许还有另外的一个原因，就是当时宋徽宗也深知举国上下对花石纲的痛恨，因花石纲而引起的农民起义造反更让他烦心，但他又沉浸在声色犬马的娱悦之中无法自拔，知道错误但却不思悔改，因此"花石纲"在宋徽宗赵佶的心里，便成了一个隐隐的痛，这是一个敏感的话题，任谁也不能触碰。张择端自然也小心翼翼地避开了。但画里这用来歌功颂德的繁华终究掩不住繁华背后的衰败。艮岳完工不久便遇金人围城，钦宗命令将苑中十多万只飞禽水鸟都投入沭河，并拆屋为薪，凿石为炮，伐竹为笼篱，台榭宫室，悉皆拆毁。因为围城日久，城内粮草匮乏，竟将园内数百千头大鹿杀了给士兵战时充饥。曾经付出了那么高昂的代价建成的艮岳，仅仅存在了三年便随着北宋王朝一起灰飞烟灭了。

　　赵佶被金人掳去，被辱封"昏德公"，囚禁于五金城，历九年，精神和肉体受尽折磨而死。

　　玉京曾忆昔繁华，万里帝王家。

　　琼林玉殿，朝喧弦管，暮列笙琶。

　　花城人去今萧索，春梦遶胡沙。

　　家山何处，忍听羌笛，吹彻梅花。

　　被羁押之后的赵佶，依然还在作诗填词，但风流奢华尽扫，颇多南唐后主李煜之风。一阙《眼儿媚》，忆不尽昔日的繁华，也道不完亡国的凄楚。

　　"自古人君玩物而丧志，纵欲而败度，鲜不亡者，徽宗甚焉，故特著以为戒。"（《宋史》）

参考文献

1.陈力军著.清明上河话红尘.文化艺术出版社，2012.

2.苏升乾著.清明上河读宋朝.商务印书馆，2012.

3.李之亮著.一本书读懂宋朝.中华书局，2010.

4.赵家三郎编著.微历史 @ 宋朝人.同心出版社，2012.

5.邓广铭著.宋史十讲.中华书局，2008.

6.刘明泉，刘越藩著.大宋往事.天津人民出版社，2013.

7.雷绍锋著.臆说《清明上河图》.山东画报出版社，2008.

8.周维权著.中国古典园林史（第三版）.清华出版社，2008.

9.［宋］孟元老著.东京梦华录.中国画报出版社，2013.

10.［元］脱脱等撰.宋史.中华书局，2012.

11.陈从周著，张竟无编.陈从周讲园林.湖南大学出版社，2009.

12.陈植，张公弛选注.中国历代名园记选注.安徽科学技术出版社，1983.

13.冯友兰著.中国哲学简史.北京大学出版社，2013.

14.过元炯编著.园林艺术.中国农业出版社，1996.

15.郭熙著，周远斌点校，纂注.林泉高致.山东画报出版社，2010.

16.徐书城著.宋代绘画史.人民美术出版社，2000.

17.［宋］苏轼著，王其和校注.东坡画论.山东画报出版社，2012.

18.徐建融著.宋代绘画研究十论.上海大学出版社，2008.

19. 潘运告主编，岳仁译注. 宣和画谱. 湖南美术出版社，1999.

20. 历代论画名著汇编. 文物出版社，1982.

21. 尚荣译注. 洛阳伽蓝记. 中华书局，2012.

22. ［明］计成原著. 园冶注释. 中国建筑工业出版社，1988.

23. ［明］陈继儒，洪应明著. 小窗幽记·菜根谭. 内蒙古人民出版社，2001.

24. 北京大学古文献研究所编. 全宋诗. 中国北京大学出版社，1998.

25. ［清］厉鹗辑撰. 宋诗纪事. 上海古籍出版社，2008.

26. 禅的情趣与文人园林. 佛教网：http://www.tlfjw.com/xuefo-208296.html.

27. 姜耕玉. 中国艺术"以丑为美"理论的形成及其实践. 江苏社会科学2010 年第二期.